현대목회 말씀 시리즈 I

팬데믹 상황에서
들어야 할 말씀

초판 1쇄 발행 2021년 8월 15일

현대목회실천신학회 편

교정 　　　　명은심(esbright@naver.com)

표지디자인 　nghpro@hanmail.net

유통사 　　　하늘유통(031-947-7777)

펴낸곳 　　　기독교포털뉴스

신고번호 　　제 2016-000058호(2011년 10월 6일)

주소 　　　　우 16518 경기도 수원시 영통구 중부대로 335 삼부리치안 1동 806호(원천동)

전화 　　　　010-4879-8651

가격 　　　　13,000원

출판사 이메일 　unique44@naver.com

홈페이지 　　www.kportalnews.co.kr

팬데믹 상황에서 들어야할 말씀

현대목회실천신학회 편

추천
이동원 목사
이정희 목사
정동균 목사
송용필 목사

기독교포털뉴스
www.kportalnews.co.kr

현대목회 말씀 시리즈 I
팬데믹 상황에서 들어야 할 말씀

발간사

하나님의 부르심을 받고 열정이 불타오르던 신학생 시절, 눈에 번쩍 띄었던 분이 계셨습니다. 하나님의 말씀을 꼼꼼하게 묵상하면서 그 은혜를 흐르는 강물처럼 유연하고 깊이 있게 전달해 주시던 선생님이셨습니다.

"주님, 제게도 저 선생님같이 성경 보는 눈을 주시고, 저 선생님처럼 말하는 입술을 허락하여 주시옵소서."

그 선생님을 가까이 하면서 배우고 익혔던 것들이 말로 표현하기가 어려울 만큼 많았습니다. 학기가 끝날 때쯤이면 학우들과 어울려 한 지역을 정하고 교회를 탐방시켜주셨습니다. 목회현장의 소리를 듣게 하여, 실천신학이 이론에 머물지 않고 현장에 뿌리를 내리는 것이 얼마나 중요한가를 체험으로 배우게 하셨습니다.

세월이 흘러 선생님의 가르침을 받았던 제자들이 교회에서, 학교에서 사람에 대한 사랑으로 무장하여 섬김의 삶을 실천하고 있습니다. 이제 그 배움과 섬김을 책으로 옮겨 여러 사람과 공유하고 싶어 「팬데믹 상황에서 들어야 할 말씀」이라는 제목으로 책을 출간하게 되었습니다.

이 책이 목회자에게는 설교 참고 자료로 큰 가치가 있을 것입니다. 아울러 성도들에게는 가정예배, 소모임 등에서 말씀묵상 자료로 사용할 수 있습니다. 각자 읽고 묵상 질문의 답을 작성하여 SNS 등으로 함께 나눈다면 더 없는 축복이 될 것입니다.

현대목회실천신학회는 앞으로 더 많은 분들과 함께 소통하며, 함께하기를 원합니다. 또 목회현장을 새롭게 하는 일에 더욱 집중하고자 합니다. 예배를 새롭게 하고, 강단을 새롭게 하고, 목회 사역을 새롭게 하는 일에 더욱 헌신하고자 합니다. 그리고 「들어야 할 말씀」 시리즈를 연속적으로 발간하려고 합니다. 이 일에 협력하는 동역자들의 수고와 헌신이 더욱 빛나길 간절히 기대합니다.

끝으로 본 설교집에 추천의 글을 써 주신 지구촌 목회리더십센터 대표 이동원 목사님, 한국침례신학대학교 이정희 전 총장님, 기독교대한하나님의성회(순복음) 정동균 총회장님, 한국교회 원로목사연합회 대표회장 송용필 목사님께 감사의 말씀 올립니다. 또 이번 설교집이 나올 수 있도록 불철주야 수고해 주신 기독교포털뉴스 정윤석 대표님과 편집팀에 깊은 감사를 드립니다.

2021년 8월 15일

정춘오 목사 | 현대목회실천신학회 회장

추천의 글 ❶

아직도 적응 중인 많은 목회자에게 좋은 나침반이 되길

팬데믹은 최근세사 최대의 위기입니다. 중세기 유럽의 페스트 흑 역사 이상의 사건입니다. 모든 것이 변화되고 조종될 것을 요구받고 있습니다. 예수 그리스도의 교회도 예외가 아닙니다. 특히 교회 강단은 큰 도전 앞에 서 있습니다. 소위 '비대면 설교'라는 초유의 상황을 맞고 있습니다. 무엇을 어떻게 준비하고 설교할 것인가를 묻습니다. 이런 시대의 물음 앞에 응답한 분들이 있어 감사합니다.

침례교 동지들인 현대목회실천신학회가 그것입니다. 아직도 적응 중인 많은 목회자에게 좋은 나침반이 될 것입니다. 좋은 논문과 좋은 설교로 방향을 제시해주었습니다. 우리 모두가 디디고 설 받침대가 될 것입니다. 이 책이 침례교 강단과 한국교회의 새 빛이 될 것을 기대합니다. 자주 듣는 말 중에 "피할 수 없으면 즐기라."는 말이 있습니다. 범사에 감사함으로 시대의 흐름에 도전할 수 있기를 바랍니다. 팬데믹을 세계 복음화의 새로운 전기로 삼기를 기대합시다.

오늘의 깊은 어둠이 새 날, 새 빛의 신호탄이 되기를!

이동원 목사 | 지구촌교회 원로목사
지구촌 목회리더십센터 대표

추천의 글 ❷

팬데믹 상황을 믿음으로 극복하면서 교인들에게 주신 말씀

이명희 교수님과 함께하는 현대목회실천신학회 회원들이 「팬데믹 상황에서 들어야 할 말씀」이라는 제목으로 설교를 기록하여 출간함을 축하합니다. 회원 목사님들이 각 교회 목회 현장에서 당면하고 있는 팬데믹 상황을 믿음으로 극복하면서 교인들에게 주신 말씀을 기록하여 책으로 냈습니다. 동일한 경험 속에서 목회하시는 목사님들과 삶의 현장에서 애쓰는 교우들에게 귀한 도움이 될 것입니다.

요즘 로마서 8장 1절에서 17절을 묵상하면서 모든 그리스도인들이 사망의 길에서 생명과 평안의 길로 가는 비밀을 알게 되었습니다. 그것은 삶의 현장에서 매 순간 육신(욕심)을 따라 생각하고 행동하느냐 아니면 성령(말씀)을 따라 생각하고 행동하느냐에 달려있다는 것입니다.

하박국 선지자가 말씀한 대로 그 시대가 어떠하든지 "의인은 그의 믿음으로 말미암아 살리라"(합 2:4)입니다. 살아계신 우리 주님은 오늘도 주님의 말씀대로 주를 의지하고 순종하는 자에게 은혜와 평강을 주십니다. 「팬데믹 상황에서 들어야 할 말씀」이 출간되어서 많은 성도들에게 큰 위로와 평강이 되시기를 바라면서 즐거운 마음으로 추천사를 드립니다. 사랑하는 동역자들이 함께 모이고 나누는 것이 힘이 되고 모든 이들에게 격려가 됩니다. 앞으로도 현대목회실천신학회가 계속해서 연구하고 협력하여 발전하는 가운데 동역자들에게 큰 도움 주시기를 바랍니다. 주님의 평강을 기원합니다.

이정희 목사 | 주님의기쁨교회 원로목사

한국침례신학대학교 전 총장

추천의 글 ❸

희망을 갖고 믿음을 갖게 되기를

"그들이 이 말을 듣고 마음에 찔려 베드로와 다른 사도들에게 물어 이르되 형제들아 우리가 어찌할꼬 하거늘"(행 2:37). 사도행전 2장 37절은 베드로가 성령을 받고 나서 그가 보고, 듣고, 체험했던 예수님의 가르침과 십자가 구원과 부활을 힘 있고 장엄하게 설교했을 때 나타난 군중들의 반응입니다. 이날 예루살렘 거리에 모인 사람들은 로마의 지배를 받으며 신음했으며, 빗나간 유대 종교 지도자들의 횡포에 숨죽였던 사람들이었습니다.

그런 그들은 베드로의 설교를 듣고 정신을 차리면서 "우리가 어찌할꼬" 즉 "우리가 이제 어떻게 하면 좋겠습니까?"라고 물었던 것입니다. 이때 베드로는 "너희가 회개하여 각각 예수 그리스도의 이름으로 세례(침례)를 받고 죄 사함을 받으라 그리하면 성령의 선물을 받으리니"라고 하였습니다. 사도행전 2장 41절을 보면 이날 베드로의 설교를 듣고 회개하고 세례(침례)를 받는 사람이 삼천 명이었습니다.

우리나라뿐만 아니라 전 세계가 코로나19로 인해 지난 2020년 2월 경부터 거의 1년 6개월 동안 팬데믹을 겪고 있습니다. 이는 일찍이 근대에서 현대에 이르기까지 겪어보지 못한 일입니다. 모든 나라가 두려움 속에 있으며, 모든 면에서 어려움을 겪고 있습니다. 이 상황에서 현대목회실천신학회에서 「팬데믹 상황에서 들어야 할 말씀」을 세상에 선물로 주었습니다. 감사하기 그지없는 일입니다. 기도하기는 이 훌륭한 설교자들을 통해 수많은 사람들이 위로를 받고 용기를 얻으며 희망을 갖고 믿음을 갖게 되기를 바랍니다.

정동균 목사 | 서울남부교회 담임목사
기독교대한하나님의성회 총회장
웨스터민스터신학대학원대학교 이사장

추천의 글 ❹

복음으로 다시 한번 위기를 극복하기 바라며

전 세계가 유례없는 팬데믹에 빠져 있는 가운데 국내외 곳곳의 그리스도인들도 매우 혼란스러운 상황에 처해 있습니다. 세상을 향해 미안하다고 사과하는 교회, 법을 어기더라도 예배를 사수해야 한다는 교회, 전례 없는 위기 상황 속에서 다양한 생각과 믿음이 대립하고 있는 현실입니다. 혼란한 시대에 기독교의 역할이 과연 무엇인지 많은 성도들의 고민 또한 깊어갑니다.

그러나 혼란한 세상에 오히려 역으로 하나님의 말씀을 전하는 것이 그리스도인의 본질적 역할이라는 것을 우리는 알아야 합니다. 이스라엘이 위기에 처할 때마다 혼란한 백성들에게 하나님의 말씀을 전하는 사사와 선지자들이 나타났듯이 지금 시대에도 마찬가지로 그리스도인들이 해야 할 일은 단 하나, 우리에게 주시는 하나님의 말씀을 듣고 세상에 전하는 것입니다.

그런 의미에서 이 책은 혼란할수록 하나님의 음성에 집중해야 하는 그리스도인의 본질을 이 시대의 성도들에게 일깨워주는 나침반과 같은 역할을 감당하리라 생각됩니다. 이는 '이론'과 '현장' 어느 한쪽에 치우치지 않고 목회와 신학을 겸비한 현대목회실천신학회의 귀한 지체들만이 할 수 있는 소중한 사역이 아닐 수 없습니다.

세상이 혼란하고 마음이 어지러울수록 여호와 하나님께 돌아가고,

주님의 음성에 귀를 기울여야 합니다. 그리스도인들이 복음으로 위기를 극복하고 더 뜨겁게 세상을 향해 나아가게 되기를 간절히 소망하며 축복합니다. 이 책이 그 사명을 감당할 그리스도인들에게 필요한 지혜와 능력을 줄 것입니다.

"너희는 세상의 빛이라 산 위에 있는 동네가 숨겨지지 못할 것이요"(마태복음 5장 14절).

송용필 목사 | 한국AWANA청소년협회 총재
한국원로목사총연합회 대표회장
횃불트리니티신학대학원대학교 부총장

주제 논문

팬데믹 상황에서의 설교 사역

이명희

팬데믹 상황에서의
설교 사역

1. 들어가는 말

"팬데믹"(pandemic)이란 세계보건기구(WHO)가 선포하는 감염병 최고 경고 등급으로, 세계적으로 감염병이 대유행하는 상태를 일컫는다. 우리말 대체어로는 '(감염병) 세계적 유행'이라고 하는데, 통상 "팬데믹"이라는 말이 사용된다. WHO는 감염병의 위험도에 따라 감염병 경보단계를 1~6단계까지 나누는데, 팬데믹은 최고 경고 등급인 6단계에 해당한다. 팬데믹은 특정 질병이 전 세계적으로 유행하는 것으로, 이를 충족시키려면 2개 대륙 이상으로 확산하여야 한다. 1단계는 동물에 한정된 감염, 2단계는 동물 간 전염을 넘어 소수의 사람에게 감염된 상태, 3단계는 사람들 사이에서 감염이 증가한 상태, 4단계는 사람들 간 감염이 급속히 확산하는 세계적 유행병이 발생할 초기 상태, 5단계는 감염이 널리 확산하여 최소 2개국에서 병이 유행하는 상태다. 그리고 6단계인 팬데믹은 5단계를 넘어 다른 대륙의 국가에까지 추가 감염이 발생한 상태에 도달했음을 의미한다.[1]

지금 우리는 코로나19 팬데믹의 최고 단계를 경험하고 있다. 확진자가 점점 늘어나고 있고 사망자도 속출하고 세계 여러 나라에서의 상황이 악화돼가고 있지만, 백신이 공급되면서 이스라엘이나 미국 등을 중심으로 충분히 다스려질 수 있다는 희망이 보이기도 한다. 하지만 우리나라의 경우 계속되는 사회적 거리 두기로 인하여 경제 상황은 악화

---

1)   "팬데믹" [온라인자료] https://terms.naver.com/entry.naver?docId=1346271&cid=40942&categoryId=32745, 2021년 5월 4일 접속.

돼 가고, 외부활동이 억제되면서 우울증세 등 "코로나 블루 현상"이 깊어지고 있다.

기독교회는 시대적 아픔이나 해결 받지 못하는 사회적 문제에 대한 하늘의 음성을 증거하여 왔다. 미국 빅토빌 예수마음교회의 목사이며 Korean Church Network 대표인 김성일 목사는 최근 "백신은 복음이 아닙니다."라는 설교에서 코로나로 인한 팬데믹 상황에서 어려움에 부닥친 우리에게 은혜를 베풀어주실 분은 예수 그리스도밖에 없으며, 예수님을 믿고 순종하며 따르게 될 때 하나님의 놀라우신 역사를 경험하게 되고, 육체적인 문제뿐만 아니라 인생길의 모든 문제를 하나님이 해결해주신다고 강조했다.[2] 설교자는 자신이 속한 세상에서 하나님의 대변자가 되어야 한다.[3] 교회는 팬데믹 상황의 피난처가 되어야 하며, 목회자는 팬데믹 상황 속에서 갈피를 잡지 못하는 사람들에게 파수꾼이 되어야 한다. 대표적인 파수꾼인 설교자는 손에 들려진 나팔로 어떤 메시지를 선포해야 할까? 이 글은 팬데믹 상황에서의 설교사역이 어떠해야 할지를 설명하는 데 그 목적이 있다.

2. 기독교 설교의 기본 이해

기독교는 설교와 함께 성장하고 발전해 왔다. 설교가 부흥할 때는 교회도 부흥했고 설교가 침체할 때는 교회도 침체했다. 그래서 교회

---

2)   김성일, "백신은 복음이 아닙니다" [온라인 자료] http://www.christiantoday.us/27024, 2021년 4월 25일 접속.
3)   이재기, 「변화하는 세상을 위한 새로운 강해설교」 (서울: 요단, 2011), 20.

의 역사는 곧 설교의 역사인 것이다. 설교는 일종의 언어활동이다. 하지만 강의나 웅변이나 연설이나 상담과는 다르다. 설교는 그리스도교의 신앙을 일으켜주는 출처이다. 바울은 "믿음은 들음에서 나며, 들음은 그리스도의 말씀으로 말미암았느니라"고 말했다(롬 10:17). "만약 개신교회가 칼에 맞아 죽는다면, 그 등 뒤에 꽂힌 비수는 설교일 것이다"라는 말이 있다. 기독교는 설교를 통해 개인 영혼을 살리기도 하고 교회를 부흥시키기도 하며, 동시에 설교를 통해 영혼에 독을 먹이기도 하고 교회를 잘못된 길로 빠지게도 한다.

설교에 대한 여러 가지 정의들을 종합해 보면 설교의 정의에 몇 가지 요소들이 있음을 알 수 있다. 즉 설교의 원천이신 하나님, 설교의 수요자인 청중 그리고 설교의 전달자인 설교자이다. 하나님께서는 말씀이 필요한 청중을 위해 주시고자 하시는 말씀을 설교자에게 전달하게 하신다. 설교자는 하나님의 말씀을 청중에게 전달하는 역할을 한다. 그리고 청중은 설교자를 통해 선포되는 하나님의 말씀을 받는다. 설교는 정확무오한 하나님의 말씀인 성경 본문의 뜻을 밝혀 청중이 처한 상황과 필요에 적용함으로써 말씀을 듣는 청중이 하나님의 뜻을 깨닫고 응답하여 행하도록 하는 것이다.

신학을 공부하는 중요한 목적은 설교사역을 위해서다. 설교는 신학의 열매이며 목회의 꽃이다. 스토트(John Stott)는 "오늘날의 교회에 있어서 진정한 기독교적인 설교는 지극히 드물다."고 하며 그 주된 이유로 설교의 신학적 중요성이 결핍되어 있음을 지적했다.[4] 기독교 신

---

4)   John Stott, 「현대교회와 설교」, 정성구 역 (서울: 반석문화사, 1992), 59. 167.

학이 교회를 위한 것이어야 하는데, 가장 중요한 신학자는 강대상에 있는 설교자이다.[5] 맥그래스(Alister McGrath)는 신학의 임무 중 하나를 '인간과 인간이 살아가는 세상을 새롭게 볼 수 있는 가능성을 여는 것'이라고 정의했다.[6] 설교자는 설교사역에 관하여 다음과 같은 신학적 이해를 확립해야 한다.[7]

1) 하나님의 말씀으로서의 설교

스토트는 그의 저서 「현대교회와 설교」에서 성경에 관한 세 가지 사실을 설명했다. 그것은 성경은 기록된 하나님의 말씀이고, 하나님은 여전히 그가 말씀하신 것을 통해서 말씀하시며, 하나님의 말씀은 능력이 있다는 것이다.[8] 이 말은 하나님의 말씀으로서의 설교의 성격을 잘 드러내 주는 것이다. 설교는 인간의 말이 아니라 인간을 통한 하나님의 말씀이다. 따라서 설교자는 강단에서 하나님의 계시를 전달하는 데 집중해야 한다. "설교는 사건이다"라는 말의 의미는 설교를 통해 하나님께서 말씀하신다는 것이다.

설교가 하나님 말씀의 선포라고 할 때 그 설교는 반드시 하나님의 이름으로 행해져야 한다. 그래서 보렌(Rudolf Bohren)은 말하기를 "설교란 하나님의 이름으로 말하는 것이며, 아버지와 아들과 성령님의 이

---

5)   Raymond Bailey, "설교 사역의 갱신", 「뱁티스트」 제 24호 (1996년 3,4월호): 31.

6)   Alister McGrath, Christian Theology: An Introduction (Oxford: Wiley Blackwell, 2017), 85.

7)   이 내용은 연구자의 아래 저술을 참고하였다. 이명희, "설교학", 「복음주의실천신학개론」, 복음주의실천신학회 편 (서울: 세복, 1999), 60-4.

8)   Stott, 110-23.

름으로 행해지는 것이고, 하나님 안에서 그 내용도 얻는다"라고 했다.[9] 설교는 성령님의 역사와 밀접하게 연관된다. 보렌은 또 설교는 희망의 언어이기 때문에 성령론에서 시작해야 하고, 더 나아가 설교한다는 것은 성령님으로부터 와서, 성령님에 의해 행해지고, 성령님으로 말미암아 이루어진다고 했다.[10] 성령님은 설교를 준비할 때 영감을 주시고, 설교할 때 열정을 주시며, 설교가 행해진 뒤에는 모든 의미 있는 열매들을 맺게 해주신다.

설교자는 하나님을 대신하는 대사이며 그리스도를 대신해서 말하는 자이다. 설교자가 성경에 근거한 것을 설교한다면 그의 말은 - 그것이 하나님의 마음과 일치할 때 - 하나님의 말씀으로 간주된다. 그러므로 우리는 설교자의 말을 하나님 자신의 말씀으로 받아야 한다.[11]

2) 성경 강해로서의 설교

설교는 하나님의 말씀이기 때문에 인간의 사상에 기초한 것이 아니라 하나님의 기록된 말씀인 성경에 근거해야 한다. 설교는 성경 메시지이어야 한다. 원래 설교를 가리키는 'homily'란 말은 '따라서 말한다'는 의미를 지니고 있다. 즉 하나님의 말씀인 성경이 말하는 것을 따라서 그와 같이 선포하는 것이 설교이다.

설교의 뿌리는 주경신학이고 주경신학의 출발점은 '…으로부터 의미를 끌어내다'는 뜻을 지닌 "엑서지시스"(exegesis)다. 이것은 '…에

---

9) Rudolf Bohren, 「설교학원론」, 박근원 역 (서울: 대한기독교출판사, 1983), 112.
10) Ibid, 90.
11) Stott, 41.

대해 의미를 부여하다'는 뜻을 지닌 "아이서지시스"(eisegesis)와는 다르다. 설교자는 석의적 연구를 통하여 얻어낸 성경 저자의 의도와 그 당시의 청중의 이해를 바탕으로 하나님께서 시공간을 초월하여 모두에게 선포하시는 진리를 얻어내야 한다.[12] 즉 설교는 성경본문이 처음 기록된 상황 속에서의 진정한 의미를 찾아 그 의미가 드러내는 영원한 진리를 청중의 상황 속에 적용하여 실천하도록 설득하는 것을 말한다. 성경강해란 성경해석을 통해 얻어진 사실들에 기초하여 그 사실들이 드러내는 일반적이고 영원한 진리를 청중들이 처해 있는 상황 속에 적용시켜주는 과업이다. 그러므로 강해설교는 다음과 같은 설교 원리를 지켜야 한다. 성경본문에 대한 역사적, 문법적, 신학적 주석 작업을 해야 한다. 정확한 주석을 통해 얻은 진리들을 일목요연하게 정리하는 주해과정을 거쳐야 한다. 주해한 재료들을 청중의 필요에 맞는 주제로 재정리한다. 그 후에 청중에게 적용하기 위한 메시지로 작성하여 청중에게 적합한 전달 방식으로 전달하는 것이다.

3) 케리그마로서의 설교

설교는 성경을 설교하는 것이다. 성경의 중심 주제가 예수 그리스도이기에 설교의 중심도 예수 그리스도이어야 한다. 설교의 원형과 모범은 구약의 예언자들과 신약의 사도들이다. 예언자들은 구약 백성이 살던 당시의 상황에서 그들에 대한 하나님의 언약과 경고의 말씀과 함께 오실 메시아에 관한 메시지를 선포했다. 신약의 사도들은 온 세계를

---

12)   이재창, 「하나님께서 감동하시는 설교를 하라」 (서울: 요단, 2019), 82.

향하여 오신 메시아 예수님께서 성취하신 구원의 소식과 다시 오실 예수님에 대한 약속의 메시지를 선포했다. 성경의 핵심 메시지가 하나님 나라의 복음인 것을 생각할 때 모든 설교에는 하나님의 언약과 예수 그리스도의 복음이 깃들어 있어야 한다. 문상기 교수는 설교와 관련한 헬라어 단어를 소개하면서 "케리그마"는 예수 그리스도에 관한 권위 있는 메시지의 선포를, "유앙겔리온"은 예수 그리스도의 복음을, "디다케"는 복음 진리에 근거한 삶의 안내로 설교의 의미를 설명하고, 성경을 자원으로 하여 예수 그리스도 중심적인 성경 메시지를 선포하는 것이라고 했다.[13]

설교자는 아무리 시대적 변천을 강변하더라도 설교의 원형 속에 나타나는 케리그마를 외면할 수 없다. 그러므로 예수 그리스도의 성육신과 공생애, 십자가에서의 죽으심과 장사 그리고 부활, 승귀와 재림 등 복음의 핵심 내용을 통전적으로 선포하는 것을 기본으로 삼아 예수 그리스도의 전 생애가 잘 드러나도록 설교해야 한다. 아울러 어떤 주제의 설교라 하더라도 설교의 밑바탕에는 늘 케리그마가 깔려있어야 함을 기억해야 한다. 사도 바울은 각 교회가 당면한 상황과 문제에 대한 하나님의 교훈을 제시할 때 늘 케리그마 복음을 진술하면서 그 케리그마에 기초한 해답을 제시하는 방식을 취했다. 이에 비추어 볼 때 설교자는 반드시 케리그마에 기초하여 설교 메시지를 전개하는 것이 필수임을 알아야 한다. 팬데믹 상황에서의 설교에 있어서도 케리그마 복음

---

13) 문상기, "설교학", 「신학입문」, 침례교신학연구소 편 (대전: 침례신학대학교출판부, 2015), 465-8.

이 확실히 깃들어 있어야 한다.

4) 목양으로서의 설교

하나님의 백성들은 하나님의 말씀을 영혼의 양식으로 삼아 살아야 한다. 많은 설교자가 설교의 궁극적 목적을 교화에 두고 인간의 삶을 위한 성경적 표준을 찾아 제시하는 것을 설교의 중심 원리로 삼고 있다.[14] 설교는 청중에게 무엇을 믿어야 하고, 어떻게 살아야 하는지를 제시해주는 중요한 통로이다. 성경의 메시지는 믿지 않는 사람은 물론 이미 믿음을 가지고 있는 청중을 대상으로 하는 말씀도 들어있다. 베일리(R. Bailey)는 사도 바울의 설교를 분석하면서 유대인을 향한 메시지, 이방인을 향한 메시지 그리고 신자들을 향한 메시지로 나누어 설명하였다.[15]

설교는 하나님의 백성들에게 기독교적 가치관과 그리스도인으로서의 행동양식 그리고 생활방식을 제시해줄 수 있어야 한다. 설교를 통해 가정생활, 교회생활, 직장생활, 학교생활, 사회생활 등에 요구되는 거룩한 진리들을 들을 수 있어야 한다. 특히 팬데믹 상황에서 성도가 지녀야 할 정체성과 현실적인 문제들 가운데서 어떤 신앙적 태도를 가지고 삶에 임해야 하는지를 제시해주는 설교가 필요하다.

---

14) Friedrich Wintzer, 『현대설교학』, 정인교 역 (서울: 한국신학연구소, 1998), 69-72.
15) Raymond Bailey, 『설교자 바울』, 이명희 역 (대전: 침례신학대학교출판부, 1996), 131-51.

3. 팬데믹 상황의 이해

1) 팬데믹 상황의 두려움과 극복

인류는 지난 역사 속에 몇 차례 팬데믹을 경험했다. 인류 역사상 팬데믹에 속한 질병으로는 14세기 중세 유럽 인구의 30-40%를 궤멸시킨 흑사병(페스트)이 있었다. 다음으로 천연두(Smallpox)는 최대치사율 90%에 달하며 1796년 종두법이 나오기까지 인류에게 두려움의 대상으로 "마마"라고까지 불렸다. 스페인 독감은 1918년 전 세계에서 5,000만 명 이상의 사망자를 발생시켰고, 홍콩 독감으로는 1968년 100만 명이 사망하였다. WHO가 1948년 설립된 이래 지금까지 팬데믹을 선언한 경우는 1968년 홍콩 독감과 2009년 신종 플루, 그리고 2020년 코로나19 세 차례뿐이다.

인간이 극복한 몇 가지 대표적인 전염병을 살펴보자. 먼저 "콜레라"(Cholera)는 비브리오 콜레라균(Vibrio Cholerae)에 의해 일어나는 수인성 감염병으로 본래 인도의 벵골(Bengal) 지방에서 유행하던 풍토병이었으나 1817년 전 세계로 확산되었다. 이후 7번의 대유행을 거치면서 남극 대륙을 제외한 전 대륙으로 퍼져나갔고, 이에 수백만 명이 콜레라로 죽음을 맞았다. 하지만 오염된 물과 음식을 통한 감염경로가 알려지고 상하수도 시스템 정비 등 위생 여건이 발전하면서 소강상태로 접어들었다. 20세기를 덮친 최악의 공포는 뭐니 뭐니 해도 "후천성면역결핍증"(AIDS)일 것이다. 에이즈는 에이즈 바이러스(HIV, Human Immunodeficiency Virus)에 감염돼 면역 기능이 저하되는 질환으로, 1981년 미국에서 처음 발견된 이래 전 세계에서 3,600만 명이 사망하는 등 오랜 기간 불치병으로 여겨졌으며, 현재도 약 3,500만 명 이상이 에이즈 바이러스를 보유한 채 살아가고 있다. 19세기의 대표적인 유행병인 "결핵"은 유럽 인구의 4분의 1을 희생시키기도 했는데, 그 원인이 결핵균이라는 사실은 1882년 독일의 세균학자 로버트 코흐로 인해 알려졌다. 우리나라의 경우 1950년 6·25전쟁 이후 연간 수백만 명에 이르는 결핵 발병국가였으며, 1962년부터 세계보건기구(WHO)의 지침에 따라 BCG 접종을 실시하였지만 여전히 결핵 발생률과 사망률이 경제협력개발기구(OECD) 국가 중에서 가장 높다.[16]

우리나라 결핵 치료와 퇴치에 있어 절대 잊어서는 안 되는 인물은 셔우드 홀(Sherwood Hall, 1893-1991) 선교사이다. 그의 아버지도 선교사(William James Hall)였는데, 셔우드는 1893년 11월 10일 서울에서 출생했고, 나중에 캐나다에서 의학을 공부한 후 아내와 함께 부부가 결핵 전문 의료선교사로 내한하여 1928년 10월 27일 해주 왕신리에 한국 최초로 폐결핵 퇴치를 위한 해주 구세요양원을 설립했다.[17] 당시 결핵은 다른 나라에서는 20명에 한 사람 꼴로 발병했는데 한국에서는 다섯 사람 중 한 사람 비율로 희생자가 나오다시피했다. 한국인은 병을 피할 수 있는 희망이 거의 없다고 생각하여, 결핵을 불치의 병이자 부끄러운 병이고 악귀의 기분을 상하게 한 사람이 운명적으로 받

---

16) "팬데믹" [온라인 자료] https://terms.naver.com/entry.naver?docId=1689767&cid=43667&categoryId=43667, 2021년 5월 4일 접속.

17) "셔우드 홀" [온라인 자료] https://cafe.naver.com/jncwk/100030, 2021년 5월 4일 접속.

는 벌이라 생각했다. 이런 환경 속에서 셔우드는 요양원은 치료뿐만 아니라 계몽과 교육 목적에서도 꼭 필요하고, 기독교 신앙이 치료에 확신을 심어주는 효과가 있다고 강조했다. 그는 결핵 치료 기금확보를 위하여 한국 최초로 1932년 크리스마스 씰을 발행했다. 원래 처음 생각한 도안은 결핵을 향한 강력한 공격의 의미로 대포를 장착한 거북선이었다고 한다. 그러나 일본의 반대로 거부되어 한국의 상징이며 결핵을 방어하는 성루를 나타내는 남대문으로 바꾸어 발행했다는 일화가 있다.[18]

현재 우리가 겪고 있는 코로나19는 처음 중국의 우한에서 시작했기에 "우한 폐렴"이라고도 불렸다. 자연 생물체를 식품으로 사용하는 가운데 동물에 기생하는 바이러스가 인체에 감염되면서 발생한 전염성이 강한 질병으로 알려져 있다. 백신이 개발되어 접종이 진행되고 있고 확진자를 위한 치료제도 나와 있기는 하지만 세계 곳곳에서 계속 확진자와 사망자가 늘어나고 있다.[19] 10여 종의 여러 변종이 생기고 있고, 미래가 불투명하기도 하다.

이처럼 전염병 상황은 인류에게 커다란 위협과 도전이 되었다. 하지만 기독교회는 결코 좌절하거나 회피하지 않고 적극적으로 대처하고 희생적으로 봉사함으로써 극복하기에 힘썼다. 그러한 기독교의 모습

---

18) Sherwood Hall, 「조선회상」, 김동열 역 (서울: 좋은씨앗, 2005), 427-31, 531.
19) "코로나19 상황판" 사이트에 의하면 2021년 5월 4일 기준으로 세계 누적 확진자 수는 1억 5천 4백 4십만여 명 되고, 누적 사망자 수는 3백 2십 4만여 명 되며; 우리나라는 누적 확진자 수는 12만 4천여 명, 누적 사망자 수는 1,840여 명으로 집계되고 있다. [온라인 자료] https://coronaboard.kr/, 2021년 5월 4일 접속.

은 복음증거와 교회부흥에 큰 계기가 되었다. 코로나19 팬데믹 상황은 분명 선한 열매를 맺는 기회가 될 것이다.

2) 팬데믹 상황에 대한 기독교의 대응 경험

기독교회가 어떻게 전염병을 대처하였는지 살펴보는 것은 팬데믹 상황에 처한 현대교회에 시사하는 바가 크다. 로마제국 내에 165년경에 시작하여 189년까지 국제적 전염병이 있었는데 당시 황제 마르쿠스 아우렐리우스 안토니우스의 이름을 따서 "안토니우스 역병"으로 알려졌으며, 로마제국 전체 인구의 1/3 혹은 1/4을 죽게 만든 무서운 전염병이었다.[20] 종교사회학자 로드니 스타크는 초창기 교회가 전염병 상황에 잘 대처함으로써 로마제국의 지배적 종교로 부상하게 되었다며, 그 이유로 세 가지를 제시했다: 1) 역병의 원인에 대해 기독교는 만족스러운 설명을 했고, 2) 기독교인들이 사랑과 선행의 가치관을 실천하여 높은 생존율을 유지하여 기독교인 인구 비율이 높아졌을 뿐만 아니라, 교회가 이교도들도 잘 보살펴줌으로써 기독교로 개종하도록 영향을 끼쳤고, 3) 이교도들은 높은 사망률로 인하여 사회적 조직망이 약화되거나 붕괴되어 기독교 사회 조직망으로의 이동을 용이하게 했다.[21]

중세기 때도 전 유럽에 흑사병이 창궐하여 큰 위기를 맞이하였는데, 로마 가톨릭교회의 경우 일부 성직자들은 목숨을 걸고 교인과 환자를 돌보며 사망자의 장례를 치르는 등 충실히 목회했으나 대다수 성직자

---

20) 김경현, "안토니우스(Antonius) 역병의 역사적 배경과 영향", 「서양고대사연구」 37집 (2014년 4월): 134-5.
21) Rodney Stark, 「기독교의 발흥」, 손현선 역 (서울: 좋은씨앗, 2020). 117-9.

는 도피하기에 급급하였고 심지어 흑사병으로 임종하는 신자들의 장례 미사를 집전할 수 없는 상황이 벌어지기도 하였다.[22] 그러나 루터는 1527년 7월 그가 활동하던 독일 비텐베르크에 흑사병이 찾아왔을 때 흑사병 환자들을 집으로 데리고 와서 돌보는 등 적극적으로 목회를 펼쳤다.[23] 인근 도시로 피난을 간 사람들과는 대조적이었다. 루터는 흑사병을 하나님의 징벌로 생각했으나, 그럼에도 이웃의 고통을 돌아보아야 한다고 했다. 루터는 마귀가 두려움과 공포를 주지만, 강하고 담대하게 물리쳐야 하며, 마땅히 돌보아야 할 이웃들을 버리지 말아야 한다고 했다. 그는 마귀가 주는 두려움에 휩싸여 이웃을 방치하고 도피하면(왼편 죄) 하나님 앞에서 살인죄로 심판받게 될 것이라고 하고, 전염병을 하나님의 뜻으로 여기고 어떠한 치료 노력이나 도피를 시도하지 않는 것(오른편 죄)은 하나님을 시험하는 것이며, 미신적이고 광신적인 죄를 짓는 것이라 하였다.[24] 루터는 올바른 믿음과 건전한 이성으로 전염병을 대처할 것을 강조했다.

칼빈도 전염병 상황에 적극적으로 대처해야 한다고 강조하였다: 1) 전염병은 하나님의 심판과 훈련의 두 가지 측면이 있는데, 하나님을 대적하고 죄에 빠진 사람에게는 하나님의 심판이지만, 하나님의 백성에게는 교정과 훈련의 과정이다. 2) 종말적 관점에서 기독교 신자는 죽

22) 이필은, "흑사병이 미사 참여에 미친 영향과 교회의 처신: 14-15세기 영국을 중심으로", 「서양사연구」 44집 (2011): 328.
23) W. Gray Crampton, 「전염병과 마주한 기독교」, 박일민 역 (서울: 도서출판 그리심, 2003), 127-9
24) 주도홍, "루터와 흑사병", 「신앙세계」 615호 (2020년 4월): 60-3.

음을 통해 영원한 생명으로 옮겨가기 때문에 전염병을 지나치게 두려워할 필요가 없다. 3) 운명론적으로 하나님의 섭리 가운데 일어난 일이니 전염병을 순순히 받아들이고 아무것도 해서는 안 된다는 생각은 잘못이다. 4) 전염병에 걸리지 않도록 조심하고 노력하였으나 죽게 된다면 하나님 나라의 소망으로 슬픔을 이겨야 하고, 살아남은 사람은 자신을 향한 하나님의 뜻이 무엇인지 살펴보아야 한다. 5) 전염병 상황에서 목회자와 교회는 사회적 책임을 실천해야 한다.[25] 이처럼 그는 국가와 교회가 힘을 합쳐 가난하고 병든 자들을 돌보아야 함을 강조하고 실천하였다.

3) 팬데믹이 가져온 사회적 현상

코로나19가 세계화하면서 전 세계가 동시에, 동일한 문제로, 동일한 고통을 겪고 있다. 상당 기간 이러한 상황이 지속되어 하나의 사회적 현상으로 자리잡고 있다.

(1) 언택트 시대

코로나19 팬데믹 상황은 언택트(Untact) 시대로 접어들게 했다. 코로나19에 대한 방역 조치의 일환으로 사회적 거리 두기(social distancing)와 마스크 착용은 더 이상 선택이 아닌 필수가 되었다. 전 세계인들의 모든 사회적 활동 방식의 표준이 기존 대면 활동(contact activity)에서 사회적 거리 두기와 같은 비대면 활동을 거쳐 온라인

---

25) Crampton, 155-61.

을 통한 콘택트 활동으로 재편되고 있다. 이러한 사회적 현상을 접촉 (contact)이 단절된 현상에 초점을 맞추어 언택트 시대라 부르기도 하고, 혹은 초연결 시대라 부르기도 한다. 반가운 사람을 만나면 나누던 악수가 금지되고, 마스크로 얼굴의 반 이상을 가리고 멀리 떨어져야 한다. 이것은 모두의 건강과 생명을 지키는 생존 문제가 되었다. 친구들과 동료와의 만남은 물론, 결혼이나 장례 등을 위한 모임까지도 억제되고 있다. 교회의 활동에도 언택트 원칙이 요구되고 있다. 예배도 상당히 제한되고 있고, 소그룹 모임이나 식사 등 기존의 교회 활동 중 거의 전부가 제한받고 있다. 언택트 시대의 거리 두기는 관계 단절과 모임 기피 그리고 대면 꺼림 현상을 더더욱 촉진시키리라 예상한다.

(2) 비정상의 시대

코로나19 상황은 여러 면에서 비정상(abnormal)의 시대를 초래하고 있다. 개인은 물론 사회, 국가의 거의 모든 영역에서 새로운 현상을 초래하였다. 그동안 정상적, 일상적, 전형적, 관행적이던 것들이 모두 무너지고, 제한되거나 금지됨으로써 그동안 정상(normal)이었던 것이 비정상이 되었다. 낯설고 불편하고 익숙하지 않던 비정상이 점점 익숙하게 되어 비정상이 정상이 되고 있다. 그리고 다가온 비정상이 점점 새로운 정상(new-normal)이 되어버렸다. 코로나19가 몰고 온 현재의 현상은 여러 방면에서 이전과는 전혀 다른 새로운 시대를 열고 있다. 잠시 인내하면서 기다리면 익숙했던 시대로 되돌아가리라는 기대는 내려놓아야 할 것 같다. 지금부터는 이전과는 다른 새로운 시대를 살아가야 할 필요가 있다. 우리는 되돌릴 것은 확실하게 되돌리고, 새로운 시대에 대한 냉정한 분석과 이해를 바탕으로 새로운 시대에 적합한 삶의 방식과 교회 사역의 방안을 강구 해야 한다.

(3) 멘탈데믹 시대

코로나19 팬데믹 상황은 '멘탈데믹'(mental-demic) 시대를 가져다 주었다. 코로나19 사태로 인한 비정상적인 현상들은 필연적으로 사회심리적 병리 현상들을 초래하여 절망감, 좌절감, 무력감, 고립감, 유기감, 상실감, 불안감, 두려움, 자포자기, 자기중심성, 외로움, 우울증, 이유 모를 분통, 통제할 수 없는 분노 등 팬데믹이 가져온 외상증후군에 빠지게 된다. 이러한 코로나 블루는 점점 더 깊어지고 보편화되어 전반적인 삶의 풍토가 될 것이다. 코로나19는 발전된 방역과 치료제로 사라질지 모르나 이로 인하여 형성된 사회심리 현상은 인류의 삶에 큰 흔적을 남기고 생활 전반을 지배하게 될 것으로 예상한다. 우리는 코로나19 사태가 초래한 삶의 방식을 현상학적인 관점에서 규명하고, 그러한 현상 속에서 살아야 하는 우리 자신에게 야기하는 본질적 문제를 규명하고, 이러한 문제에 대한 대응책을 마련해야 한다. 이러한 사회적 거리 두기는 어쩌면 말 자체의 어감처럼 인간관계를 가로막고 흩어지게 만드는 '막힌 담'이 되는 것 같다. 차라리 '방역 거리 두기'나 '건강 거리 두기' 등으로 바꾸는 것이 필요하지 않을까 한다.

4. 코로나19 팬데믹 상황이 기독교에 끼친 영향

코로나19는 기독교에도 큰 영향을 미쳤다. 그 중 대표적인 것을 소개한다.

1) 비대면 사역의 증가

코로나19 팬데믹 상황이 교회에 끼친 영향 중 가장 큰 것을 꼽는다면 비대면 사역의 증가일 것이다. 많은 교회가 집회나 소그룹 모임을 중단한 것은 물론이고, 주일예배조차도 비대면 온라인 예배로 전환했다. 실제로 한국기독교목회자협의회와 한국기독교언론포럼이 전국 만 18세 이상 개신교인 1,000명을 대상으로 벌인 "코로나19의 한국교회 영향도 조사"에 따르면, 국내에서 코로나19 감염자가 한창 증가하던 2020년 3월 29일 주일에 현장 예배를 온라인 예배로 대체한 교회가 61.1%에 달했다.[26]

구약신학자 브루그만(Walter Brueggemann)은 뉴노멀 시대의 새로운 사역 형태와 관련시킬 수 있는 매우 중요한 시사점을 제시해주었다. 그는 유다 백성이 경험한 바벨론 포로 경험에 주목하면서 4가지 특징을 설명했다. 이스라엘 백성들은 성전이 있던 예루살렘을 상실하고 낯선 이방 땅으로 끌려갔고, 전혀 새로운 토양에서 신앙생활을 영위하

---

26) 비대면 온라인 예배와 현장 예배를 동시에 진행한 교회가 15.6%였고, 비대면 온라인 예배를 실행한 교회가 76.7%였다. 전체 조사 내용은 지앤컴 리서치, 「코로나19로 인한 한국교회 영향도 조사 보고서」(2020)를 참고하라. [온라인 자료] http://mhdata.or.kr/mailing/Numbers42th_200410_Full.pdf, 2021년 4월 10일 접속.

며 하나님의 인도하심을 따라야 했고, 전혀 새로운 세계에 적응하기를 요구받으면서 사라진 상황에서 의미 있었던 것을 새로운 상황에서 다른 방식으로 펼쳐야 했다고 분석하였다.[27] 유대인들 손에는 하나님의 말씀이 들려 있었다. 그들은 모세 오경을 비롯한 하나님의 말씀을 굳게 붙잡고 말씀 중심의 예배를 시행하였고, 성전예배의 대안으로 회당 예배라는 괄목할 만한 전형을 창출해내었다. 그들은 바벨론 제국에서 살았지만 결코 동화되어 사라지지 않고 그들만의 고유한 정체성을 유지하며 계승, 발전시킬 수 있었다. 예레미야는 바벨론의 포로가 된 이스라엘 백성에게 "너희는 집을 짓고 거기에 살며 텃밭을 만들고 그 열매를 먹으라. 아내를 맞이하여 자녀를 낳으며 너희 아들이 아내를 맞이하며 너희 딸이 남편을 맞아 그들로 자녀를 낳게 하여 너희가 거기에서 번성하고 줄어들지 아니하게 하라. 너희는 내가 사로잡혀 가게 한 그 성읍의 평안을 구하고 그를 위하여 여호와께 기도하라. 이는 그 성읍이 평안함으로 너희도 평안할 것임이라"(렘 29:5-7)는 하나님의 말씀을 전해주었다. 팬데믹 상황을 통과하고 있는 기독교회도 그럴 수 있어야 한다.

코로나19 팬데믹 상황이 안정되더라도 예전의 한국교회 모습을 기대하기 어려울 것이다. 닫힌 사회, 대면 예배 때는 한 교회만 출석하는 충성 교인들이 많았지만 열린사회, 비대면 예배에서는 이 교회, 저 교회, 좋은 설교를 찾아 인터넷을 떠도는 디지털 노마드(nomad)족이 늘어나고 젊은 층의 교회 이탈은 더 가속화 할 것이다. 세계의 연구진들

---

27)   Walter Brueggemann, 「탈교회 시대의 설교」, 이승진 역 (서울: CLC, 2018), 20-59.

사이에서는 코로나19 바이러스가 사라지지 않고 변이를 거치면서 끝내 인류와 함께 존재하면서 endemic(종종 유행하면서 사라지지 않는)이 될 것이라는 예측까지 나오고 있다. 그렇다면 기독교회도 이에 맞는 적응전략을 개발해야 할 필요가 있다.

2) 미움 받는 기독교

안교성 교수는 우리나라가 개화 시기와 항일투쟁 시기 그리고 공산당의 침략에 맞서 싸우던 시기에는 기독교가 나라를 위해 많이 기여했지만, 20세기 말부터 강도 높은 비난에 직면하게 되었고, 특히 코로나19 팬데믹 상황이 계속되면서 교회가 사회적으로 밉상이 되었다고 분석했다. 그는 종전의 '안티 기독교'가 도덕성을 지니지 못한 교회와 신자의 독선주의를 비판하는 것이었다면, 새로운 비판은 기독교 자체를 문제 삼으면서 신에게까지 도전하는 신성모독적으로 여겨질 정도라고 안타까워했다.[28]

코로나19로 인해 교회 이미지는 매우 심각할 정도로 전락했다. 연일 교회 발 코로나 확진자 발생사례가 뉴스에 등장하고 있어 교회가 코로나 전파의 온상이 되고 있다는 인상을 깊게 하고 있다. 물론 방역의 이름으로 교회에 가해지는 부당한 간섭이나 통제가 아쉬운 부분이 크다. 아무튼 코로나 상황으로 인하여 교회의 이미지가 나빠지는 것 같다.

---

28) 안교성, "밉상이 된 교회" [온라인 자료] http://news.kmib.co.kr/article/view.asp?arcid=0924181256, 2021년 3월 7일 접속.

3) 교회사역의 위축

여러 목회자와 교회 중직과 대화해보면 이구동성으로 교회사역이 상당히 위축되고 있다고 한다. 예배당을 중심으로 정기적으로 모이던 교회의 여러 활동이 상당 부분 위축되고 있다. 당장 주일예배도 원활하지 않고, 구역예배나 성경공부 모임 등도 제한받고 있다. 전도활동과 신앙훈련 그리고 친교 모임과 봉사활동 등 전반적으로 교회사역이 위축되고 있다. 이런 상황은 자연히 목회자와 성도들을 무기력하게 만들고, 헌금 감소로 인한 재정적인 어려움을 초래하기도 한다. 새신자의 정착도 확연하게 저조해졌고, 교회 언저리를 서성이던 구도자들도 뒤로 물러나는 형국이다.

미국 남 침례교의 교회성장 전문가인 레이니(Thom S. Rainer)는 코로나 상황에서 사람들이 가정에 머무는 시간이 늘어나게 되기 때문에 교회사역도 사람들이 가정에 머물고 있다는 것을 염두에 두고 구상할 필요가 있고, 아울러 사용 빈도가 줄어든 교회 건물의 용도를 어떻게 할 것인지 과감한 방안을 적극적으로 생각해야 한다고 했다.[29]

5. 팬데믹 상황에서의 설교 방안

팬데믹 상황에서의 설교 사역도 설교의 기본 원리에 충실하면서 수행해야 한다. 그러나 좀 더 관심을 가지고 임해야 할 사항을 생각하면

---

29) Thom S. Rainer, "Five Ways the Post-Place Church Will Look Different after COVID", [온라인 자료] https://churchanswers.com/blog/five-ways-the-post-place-church-will-look-different-after-covid/, 2021년 4월 25일 접속.

서 몇 가지 제안을 내놓고자 한다.

1) 비대면 영상설교

종래의 영상설교는 대면 설교의 보조 또는 보완적 기능을 가졌다. 하지만 코로나19 팬데믹으로 인하여, 이전의 사회적인 규범과 문화적인 가치관이 더 이상 설득력을 발휘하지 못하고 옛 질서가 붕괴된 뉴노멀 시대로 진입하였다. 기독교인들 역시 예전의 신앙적인 규범과 행습 그리고 예배 방식 등이 더 이상 사회적으로 용납되기 어려운 새로운 질서의 시대로 진입하고 있다. 예배도 대면 예배가 어려워지고 자연히 영상설교가 대세를 이루고 있다. 많은 교회의 경우 비대면 영상설교를 행할 때 예배당에서 예배를 진행하는 것을 영상으로 송출하고 교인들은 각자의 장소에서 예배에 참여하는 '동시간의 영상을 다른 장소에서 보는 방법'이나, 미리 예배와 설교 영상을 만들어서 교인들에게 배포한 후 교인들이 정해진 시간에 각자의 장소에서 영상을 보면서 예배하는 '다른 시간의 영상을 다른 장소에서 보는 방법'으로 시행하는 것이 대표적인 방식일 것이다.

영상설교는 공동체 형성의 기회나 경험을 제공하는 대신 오히려 개인주의적 영성을 강화할 수 있다는 평가가 지배적이다. 영상설교는 청중을 수동적으로 만들고, 의사소통의 주도권을 청중에게 완전히 양도해 버릴 위험성도 존재한다. 영상설교의 청중은 자신의 선택이 잘못되었다고 판단되는 경우에는 언제든지 다른 설교를 시청할 수 있다. 설교를 하나님께서 자기 백성에게 말씀하시는 하향적 은혜의 수단이라고 할 때, 영상설교를 틀고 끌 전권을 청중이 가질 때 그 설교를 하나님의 말씀을 받는 것으로 볼 수 없다. 기독교 사역을 소비자 중심주의로 더욱 내모는 것이 된다.[30]

뉴노멀 시대의 예배는 장소 중심의 예배에서 인격이신 하나님 중심의 예배로, 공동체의 예배가 아니라 개인이 드리는 예배로, 대면 예배에서 비대면 예배로 전환되어야 하고, 설교자가 미디어를 지혜롭게 사용하여 복음을 증거할 수 있도록 준비해야 한다.[31] 비대면 영상설교 증진을 위해서 설교자는 영성계발, 말씀 묵상, 독서 등을 통해 설교 역량을 증진시켜야 하고, 영상설교의 대상에 신자와 교인뿐만 아니라 비신자까지도 포함해야 하며, 팬데믹으로 인해 갖게 되는 불안감과 공포 등을 신학적으로 고찰하여 적절한 메시지를 제공해야 하고, 다양한 설교형태와 전달체계의 혁신을 이루어야 한다.[32]

영상설교가 시간과 공간의 한계를 뛰어넘는 외연확장의 기회가 되기도 하지만, 예배적 맥락과 목회적 맥락에서 현저한 한계를 갖는다. 팬데믹 상황에서는 비대면 영상설교에 더 의존할 수밖에 없게 되는데, 영상설교의 한계를 보완하고, 설교자와 교인들이 함께 영상설교가 지닌 한계를 인식하고 극복한다면 비대면 영상설교는 새로운 사역의 기회와 영역을 제공해주며 새로운 영향력을 발견하는 기회가 될 수 있을 것이다. 그러나 설교자는 대면 예배와 대면 설교가 원칙이고, 비대면

---

30) 영상설교에 관한 포괄적인 내용은 아래 논문을 참고하면 큰 도움이 된다. 조광현, "코로나 시대, 영상설교에 대한 설교학적 고찰", 「복음과 실천신학」 제57권 (2020).
31) 오현철, "뉴노멀 시대 설교의 변화", 「복음과 실천신학」 제57권 (2020): 117-44.
32) 정인교, "POST-COVID 시대의 설교", 「신학과 실천」 제71권 (2020): 154-70.

영상설교가 팬데믹 상황에서 어쩔 수 없는 방편이지 결코 정상적인 예배와 설교사역은 아님을 교인들에게 분명히 가르쳐야 한다. 만약 영상설교의 한계를 제대로 인식하지 못한다면, 자칫 코로나19가 안정되고 난 뒤에도 대면 설교로 돌아가야 할 이유를 발견하지 못할 수도 있다.

영상설교에서 설교만을 영상으로 제공하는 것을 지양하고 설교 전후의 모든 순서를 포함하는 영상을 제공하는 것이 필요하다. 가능한 설교만이 아니라 예배 순서 전부를 영상으로 제공하는 것은 예배의 맥락을 유지할 수 있는 최소한의 노력이다. 그리고 가능하다면 동시간 영상예배와 영상설교를 적극 추천한다. 또 영상예배를 설교자가 홀로 진행하는 것보다 청중이 참여할 수 있도록 하는 것도 필요하다.[33]

2) 주제본문 강해설교

주제본문 강해설교는 상황 설교에 매우 적합한 방법이다. 청중이 처한 상황에서 설교의 주제를 끌어내기 때문이다. 설교자는 일반적으로 설교를 준비하는 단계에서부터 마음속에 주제와 목표를 갖게 마련이다. 여기서 주제라고 하는 것은 설교자가 그 내용을 구체화시키기 위하여 본문을 펼치기 전에 갖는 설교의 주제를 말한다.[34] 설교를 준비하는 설교자는 청중을 떠올리며 마음속에 '무엇에 대해 설교해야겠다.'는 설교의 씨앗, 즉 설교이념을 품게 된다. 정해진 성경을 연속 설교 본

---

33) 조광연, "코로나 시대, 영상설교에 대한 설교학적 고찰", 「복음과 실천신학」 제57권 (2020): 181-209.

34) Henry R. Caemmerer, Preaching for the Church (St. Louis: Concordia, 1959), 133-9.

문으로 하여 설교하는 경우가 아니면 설교의 주제를 먼저 정하고 설교본문을 찾아가는 방식을 취한다. 이럴 때 설교의 주제가 먼저 나오고 그 주제를 내포하는 설교의 본문(주제본문)을 찾아감으로 선정한다. 즉 주제본문(topical text)을 강해하는 주제본문 강해설교(topical textual expository sermon)를 하게 된다.[35]

설교는 하나님의 말씀의 선포이다. 따라서 설교자의 개인적 주장이 아니라 설교 본문의 중심 사상이 앞장서도록 해야 한다. 그런 의미에서 설교는 반드시 설교 본문에 근거해야 한다. 즉 설교 본문이 다루고 있는 어떤 주제에 대하여 설교 본문에 국한시킨 내용으로 설교를 구성해야 한다. 설교자가 본문이 이끄는 강해설교를 하고자 한다면 설교 본문의 구조를 파악하고 본문이 정확히 무엇에 관한 것인지 하나의 완전한 문장으로 표현할 수 있어야 한다.[36] 그러므로 설교자는 설교하고자 하는 주제에 대해 그 본문이 말하고 있는 사실을 재료로 설교를 구성하여 전달해야 한다.

3) 필요 중심적 메시지

모든 설교는 청중을 향한 메시지의 목적을 갖는다. 설교의 목적은 하나님께서 사람들(청중)에게 주시기 기뻐하시는 메시지가 무엇인지에 대한 확고한 내용이다. 하나님은 사람들의 필요를 아시고 그 필요

---

35) 이명희, "설교학", 「복음주의실천신학개론」, 복음주의실천신학회 편 (서울: 세복, 1999), 72.
36) David Allen 외 3인 공저, 「본문이 이끄는 설교」, 임도균 외 1인 공역 (서울: 아가페북스, 2012), 22-3.

를 채우시기 위하여 설교자를 불러 설교를 준비하여 선포하게 하시기 때문에 모든 설교는 "필요 중심적 메시지"가 되어야 한다. 필요 중심적 메시지가 될 때 적실성 있고 유효한 메시지가 된다. "정답이지만 해답은 아니다"는 말이 있다. 필요 중심적 메시지가 아닐 때 좋은 말씀이고 성경적인지는 몰라도 "우리와 무슨 상관이 있느냐?"고 묻는다. 설교자는 설교본문을 붙잡기 위하여 청중의 필요에 주의를 기울여야 한다. [37] 이정희 교수는 설교를 정의하면서 '하나님의 부르심을 받은 사람(설교자)이 성령님의 인도하심 아래 성경에 나타난 하나님의 말씀을 인간의 필요에 응하기 위해서 효과적으로 선포하는 것'이라고 했다. [38]

팬데믹 상황에서 설교자는 팬데믹에 처한 사람들에게 유효한 메시지를 증거해야 한다. 청중은 설교가 자신의 삶의 문제에 답변을 주고 성공적인 삶으로 안내해주기를 기대한다. 사람들은 격려와 소망의 메시지를 필요로 한다. 청중을 모르면 설교할 수도 없고 설교해서도 안 된다. 그래서 설교자는 사회학, 심리학, 커뮤니케이션 이론, 문화인류학 등 기독교 사역의 주변 학문으로부터 도움을 받아야 한다.

물론 청중의 요구(want)를 따르는 것과 필요(needs)를 채워주는 것은 구별되어야 한다. 설교할 때 사람들의 필요를 가지고 시작함으로써 청중의 주의를 곧바로 끌어낼 수 있다. "이번 주일에 나는 무엇을 설교할 것인가?"를 묻는 대신에 "나는 누구에게 설교할 것인가?"를 물어야 한다. 청중의 필요를 생각하는 것을 설교의 출발점으로 삼

---

37) H. C. Brown Jr., H. Gordon Clinard and Jesse J. Northcutt, 「설교방법론」, 이정희 역 (서울: 요단, 1983), 55.

38) 이정희, 「교회목회의 신학과 실제」 (대전: 침례신학대학교출판부, 2001), 193.

아야 할 필요가 있다.[39] 팬데믹 상황에서의 영상설교에서는 더욱더 자신이 목회하는 교인들에게 최적화된 설교를 준비해야 한다. 그러므로 설교자는 교인들과의 목회적 관계를 통해 생성된 "우리 교회"만의 독특한 "지역적 내러티브"를 설교에 포함하도록 노력할 필요가 있다. 그래야 그 설교는 교인들의 관심과 필요에 부응하는 설교가 될 것이고, 결과적으로 세간에 떠도는 그 어떤 영상설교와도 차별화된 특별한 설교가 될 것이다.

4) 시리즈 설교

비대면 영상설교의 경우 메시지 전달의 주도권이 청중에게 있는 만큼 청중을 영상 앞에 다가오도록 끌어당기는 방안이 필요하다. 가장 효과적인 방안은 기대감이다. 사람들은 다음 시간에 대한 기대감이 생길 때 영상 앞으로 나온다. 설교사역에 있어 기대감을 증대시킬 방법은 시리즈 설교이다.

시리즈 설교란 설교를 계획함에 있어서 매주 다른 주제를 선정하여 설교를 하는 것이 아니라 적어도 한두 달 정도의 기간 동안 통일된 큰 주제를 붙잡고 몇 주간에 걸쳐 그 주제에 대한 말씀을 집중적으로 연달아 선포하는 설교계획의 한 방식이다. 예를 들면 팔복 설교, 성령님의 열매 설교, 가정의 달 설교, 에베소서 설교 등으로 어떤 흥미로운 주제나 성경의 한 책을 선정하여 연속적인 시리즈로 설교하는 것이다.

설교자는 매력적인 주제의 시리즈 설교를 기획하여 미리 사람들에

---

39)   Rick Warren, 「새들백 교회 이야기」, 김현회, 박경범 역 (서울: 디모데, 1996), 257.

게 알려주고 다음 시간에 대한 기대감을 가지고 나오도록 해야 한다. 팬데믹 상황에 적절한 시리즈 설교를 준비하라. 2021년 5월 현재 새들백교회의 경우 "Building a Better Life" 시리즈 메시지를 계속하고 있고, 대전대흥침례교회(정인택 목사)의 경우 "다윗 시리즈"에 이어 "산상수훈 시리즈" 설교를 이어가고 있고, 생명빛교회(이명희 목사)의 경우 "부활 시리즈"에 이어 "성령 시리즈"를 계속하고 있다. 지구촌교회(최성은 목사)는 "우리를 가슴 뛰게 하는 목장공동체 시리즈"를, 여의도침례교회(국명호 목사)는 "사도행전 시리즈"를 진행 중이며, 강남중앙침례교회(최병락 목사)는 "은혜 입은 사람들 시리즈"를 계속하고 있다. 수원중앙침례교회(고명진 목사)는 최근 "팔복 시리즈"를 마쳤고, 꿈의교회(안희묵 목사)는 "새로운… 시리즈"에 이어 "하나님 시리즈"를 시작하였다. 이렇듯 시리즈 설교가 대세인 모양새다.

5) 서론의 중요성

설교가 예배의 맥락 안에서 일어나는 것은 초대교회에서부터 이어오는 전통이다. 예배 순서 안에 설교가 포함되어 있고, 설교는 계시와 응답으로 표현되는 예배의 요소 중 하나이다.[40] 설교는 예배의 맥락과 분리될 수 없다. 설교는 하나님의 임재하심 앞에 나아가 하나님의 말씀을 듣는 것이다. 그러므로 당연히 예배적 상황 가운데서 이루어지는 것이 원칙이다. 그러나 이 예배의 맥락이 영상설교에서는 무시될 수 있다. 많은 영상설교가 설교 전후에 일어나는 예배의 다른 요소들은

---

40) Michael Quicke, 「예배와 설교」, 김상구, 배영민 역 (서울: CLC, 2015), 191-3.

제거하고 설교만 녹화하는 경우가 많다. 이와 같은 영상설교에서 예배의 맥락은 철저히 무시될 수밖에 없다. 그렇기 때문에 영상설교의 서론이 매우 중요하다.

영상설교의 서론에서 청중의 주의와 관심을 불러일으키고, 설교를 들어야 할 필요성, 설교에서 다루고자 하는 내용과 방향 등을 제시할 때 청중은 보다 흥미롭게 설교를 경청하게 될 것이다.[41] 영상설교의 서론은 설교의 경쟁자들을 제쳐내는 중요한 과정이다. 청중의 시선을 끌고 관심을 당기는 여러 요인으로부터 청중을 분리시켜(untact) 설교에 집중하도록 끌어당겨 하나님과 접촉시켜주는(contact) 접촉점을 부여하는 서론이 되어야 한다. 이동원 목사는 현대를 설교의 경쟁자들이 가득한 시대라고 강조한다. 가치관을 혼란케 하는 세속주의, 커뮤니케이션을 가로막는 속도와 화려한 색깔을 특징으로 하는 전자 기기, 절대를 거부해 버린 상대주의, 꿈과 이상을 상실한 채 흔들리는 현실주의라는 시대의 조류 앞에 설교자의 고민이 있다고 했다.[42] 설교자는 청중의 현실과 그들의 문제를 무시하지 말고 서론을 통해 설교자와 청중이 팬데믹 상황에서 함께 공감할 수 있는 적절한 접촉점을 발견할 필요가 있다.

6) 설교 후 사역

좋은 강해설교는 적용을 강조한다. 적용이 없는 설교는 설교가 아니

---

41)   이명희, 「현대설교론」 (대전: 에이스, 2007), 90-2.
42)   이동원, 「청중을 깨우는 강해설교」 (서울: 요단, 1991), 12-3.

다. 청중에게 스스로 적용점을 찾도록 하기보다는 몇 가지 가능한 적
용사항을 제시해주는 것이 필요하다. 적용이란 설교를 통하여 제시한
진리를 실질적으로 실천하도록 청중에게 요청하는 것이다. 많은 교회
가 대면 예배 시절에는 주일 오후 모임이나 구역 모임 등을 주일예배
에서 선포된 설교에 대한 소감과 적용 사항을 나누는 시간으로 삼았
다. 비대면 예배에서는 더욱 그 필요성이 크다. 설교자는 청중의 참여
를 촉진하기 위해 노력해야 한다. 영상설교 결론 부분에 가정예배 혹
은 소그룹 모임 등에서 시행할 사항을 언급하는 것을 추천한다. 영상
설교를 단지 보는 것으로 끝내지 말고 그 설교를 가정이나 소그룹에서
나눌 수 있도록 한다면 청중의 참여를 더 장려할 수 있을 뿐 아니라 주
일과 주간 일상의 삶 사이의 괴리를 막는 데도 도움이 될 것이다. 또는
영상설교를 들은 후 SNS(카톡, Meet, 줌 등의 프로그램)를 통해 자신
의 피드백을 나누도록 하는 것도 좋다.

7) 청중의 책임

설교는 하나님의 임재하심과 인도하심 가운데서 설교자와 청중이 함
께 이루어가는 거룩한 과업이다. 하우(Reuel L. Howe)는 일찍이 설교
가 설교자 혼자만의 일이 아니라 청중과의 협력이 필요하다고 하면서
설교자는 청중을 설교의 파트너로 여겨야 한다고 강조했다.[43] 청중 또
한 설교사역의 중요한 당사자라는 인식을 가져야 한다. 장두만 교수는

---

43) Reuel L. Howe, Partners in Preaching: Clergy and Laity in Dialogue (New York: Seabury, 1967), 18-9.

설교자가 청중이 귀를 기울이는 설교를 해야 한다고 강조하면서, 청중에 대한 배려가 없는 설교는 청중으로부터 외면 받게 될 것이라고 경고하였다. 그리고 이어 청중이 설교를 듣지 않는 몇 가지 이유를 제시하였다: 영적인 무관심, 습관적인 종교적 교회생활, 정신적-육체적 피로, 세상 일로 인한 복잡한 생각.[44]

성경은 믿음은 들음에서 난다고 확언한다(롬 10:17). 예수님은 산상수훈을 마무리 지으시면서 "나의 이 말을 듣고 행하는 자는 그 집을 반석 위에 지은 지혜로운 사람 같다"(마 5:24)고 하셨다. 청중은 하나님의 말씀인 설교를 들을 때 사람의 말이 아니라 하나님의 말씀으로 받아야 한다(살전 2:13). 예수님께서 비유로 말씀하신 '좋은 땅'의 마음을 가지고 설교를 들어야 한다(마 13:3-8). 히브리서는 들은 바 말씀이 들은 사람들에게 유익하지 못한 것은 듣는 자가 마음을 완고하게 하면서 믿음과 결부시키지 아니하고 순종하지 않기 때문이라고 지적했다(히 4:2). 베뢰아 사람들은 간절한 마음으로 말씀을 받고 날마다 성경을 상고하였다(행 17:11). 설교를 잘 듣는다는 것은 설교 말씀이 선포되는 동안 마음을 열고, 집중하면서, 자신에게 주어지는 메시지를 받아 자신의 믿음과 삶에 적용하여 실천하고자 하는 청종(聽從)의 심정으로 경청하는 것이다.

사도행전 13장은 사도 바울과 바나바가 비시디아 안디옥 회당에서 설교한 장면을 기록하고 있다. 설교 후 사람들이 두 사도에게 "다음 안식일에도 이 말씀을 하라"고 청했고, 경건한 사람들은 두 사도와 더불

---

44)   장두만, 「청중이 귀를 기울이는 설교」 (서울: 요단, 2009), 12-3.

어 대화했는데, 놀라운 사실은 다음 안식일에 온 시민이 거의 다 하나님의 말씀을 듣고자 하여 모였다. 아마도 한 주간 동안 설교를 들은 사람들이 흥분된 마음으로 하나님의 말씀을 들으러 가자고 이웃과 친지들에게 권했기 때문이 아닐까 한다. 청중은 이래야 한다.

　제자훈련 과정의 한 부분으로 "하나님 말씀 듣기" 과정이 있다. 설교를 들으면서 '설교 노트'를 작성하고, 설교를 통하여 자신에게 주어진 하나님의 음성(메시지)을 적용사항으로 진술하고, 간증하도록 안내한다. 교회가 함께 노트를 준비해서 온 성도들이 설교 노트를 기록하도록 하는 것도 좋은 방도가 될 것이다. 설교 노트의 사용은 청중으로 하여금 하나님의 말씀을 들을 때에 가능한 놓치지 않고 알뜰하게 들을 수 있도록 해주고, 설교를 들으면서 받았던 감동과 깨달음을 후일에 다시 한번 누릴 수 있게 도와주며, 들은 바 하나님의 말씀을 다른 사람과 나누거나 교회사역의 다른 국면에서 사용하는 데 도움이 되며, 누적된 설교 노트 자체가 하나의 영적 자산이 될 수 있다.

　비대면 영상 예배와 영상설교의 상황에서 예배자들은 대면 예배와 마찬가지로 유념할 사항이 있다. 우선 복장부터 잘 갖추기 바란다. 예배당에 대면 예배로 모이는 예배자처럼 잘 갖추어 입는 것이 좋다. 성경책과 찬송가를 꼭 가지고 예배에 임하고, 온 가족이 함께 예배에 참여하도록 하며, 헌금을 준비하여　교회 은행구좌로 송금하거나 대면 예배로 모일 때 봉헌하도록 한다. 또 케이블 TV 등의 매체를 통해 영상설교를 시청할 경우라 하더라도 결코 중간에서 중단하거나, 리모컨으로 이 영상설교, 저 영상설교를 마치 쇼핑하듯이 옮겨 다니는 것은 매우 불경건한 처사이다. 그리고 한 가지 더, 비대면 영상설교였지만 기회를 보아 꼭 설교자에게 감사 인사를 전하는 것이 설교자와 청중 피차를 위하여 덕이 되고 기쁨이 되며, 설교자에게는 큰 격려가 될 것이다. 그리고 무엇보다 중요한 것은 설교자를 위하여 기도하는 것이다 (엡 6:19).

6. 나가는 말

앞으로 목회자들의 호불호와 상관없이 온라인 예배는 예배의 한 형태로 남게 될 텐데, 영상설교자는 멋진 설교 영상 제작에 관심을 쏟기 전에 하나님의 말씀을 선포하는 데 마음을 기울여야 한다. 온라인 시대에 사람들은 10분 이상의 영상에 부담을 느낀다고 한다. 상황에 따라 달라지겠지만 온라인 설교는 20분 정도가 좋겠다.

뉴노멀 시대의 목회자는 말씀목회 전문가가 되어야만 한다. 팬데믹 상황은 언택트 세상을 초래하였지만, 역설적이게도 하나님과의 콘택트를 촉발하는 기회가 되고 있다. 참석을 강조하던 기존의 기독교 사역에서 참여를 중시하는 새로운 단계로 나아가는 시기를 맞이하며 교회와 사역자는 효과적인 사역 방안을 도출해내야만 한다.

팬데믹 상황은 분명 알곡과 가라지를 분리해내는 과정이 될 것이다. 어려운 상황일수록 기독교의 본질로 돌아가야 한다. 본질로 돌아가는 방법은 하나님의 말씀으로 돌아가는 것이다. 뉴노멀 시대에 설교자들은 새로운 무엇이 아니라 이미 기독교 내에 존재하던, 기독교를 기독교 되게 하는 것들을 다시 점검하고 붙잡아야 한다. 성경이 말하는 팬데믹 상황의 이해, 팬데믹 상황에서 신자의 정체성, 팬데믹 상황 극복을 위한 믿음, 소망, 위로, 인내, 능력, 기도, 봉사, 헌신 등의 성경적 진리를 밝혀주는 설교는 팬데믹 상황에서 중요한 주제가 될 수 있다.

팬데믹 상황에서 성도와 교회는 고린도후서 2장 15-16절 말씀대로 "구원받는 자들에게나 망하는 자들에게나 하나님 앞에서 그리스도의 향기니, 이 사람에게는 사망으로부터 사망에 이르는 냄새요, 저 사람에게는 생명으로부터 생명에 이르는 냄새"가 되어야 한다. 누가 이 일을 감당하리요? 참다운 성도와 교회에서는 '그리스도의 향기'가 말과 행동에서 풍겨 나오는데, 그 냄새가 멸망 받을 자들에게는 역겨운 죽음의 냄새 곧 독이 되고, 구원받을 자들에게는 향기로운 생명의 냄새가 된다. '역한 냄새'가 아닌 '그리스도의 향기'를 내는 팬데믹 상황에서의 설교사역이 되기를 바란다.

1부

팬데믹 상황의 이해

이명희

한덕진

이경희

진유식

김주원

김정호

1
전염병을 주신 이유
(역대하 7장 11-18절)

　온 지구촌이 코로나19 전염병으로 인하여 몸살을 겪고 있습니다. 날마다 확진자가 발생하고, 경제도 예외 없이 마이너스 성장에 빠져들고, 사회적으로도 정치적으로도 큰 혼란을 경험하고 있습니다. 사회적 거리두기와 방역지침에 의거하여 이전에는 정상으로 여겼던 삶의 일인 대면예배를 시행하지 못하고 비대면으로 근근이 교회생활을 이어가고 있는 실정입니다. 왜 이러한 전염병 사태가 발생했을까요? 인류는 왜 전염병과 씨름해야 할까요? 시대적으로 전염병이 우리에게 시사해주는 의미는 무엇일까요? 그리스도인이라면 전염병 사태 속에서 어떤 하나님의 메시지를 들어야 할까요? 성경에 기록된 전염병 관련 주요 내용 몇 군데를 살펴보면 다음과 같습니다.

1. 출애굽기 9장 1-7절

　　하나님께서 이스라엘 백성을 애굽에서 이끌어내려 하실 때 바로의 완악한 마음을 꺾으시기 위해 열 재앙을 내리셨는데, 다섯째 재앙이 짐승들에게 내려진 '심한 돌림병'이었습니다. 그럼에도 불구하고 바로는 마음이 완강하여 이스라엘 백성을 보내지 않았습니다. 하지만 이어지는 재앙들을 통하여 하나님의 존재와 심판하시는 능력을 경험하고는 결국 출애굽을 허락하게 됩니다. 우리는 짐승에게 전염병이 내린 역사가 하나님을 대적하고 하나님의 뜻을 거스르며 하나님의 능력을 인정하지 않는 바로를 꺾으시는 하나님의 징표적 역사임을 알 수 있습니다.

2. 신명기 28장 20-22절

하나님께서는 악을 행하고 불순종하는 자들을 심판하시기 위해 '염병'을 사용하십니다. 22절은 염병의 첫 번째 예로 '폐병'을 언급합니다. 모든 질병을 하나님의 징벌이라고 말할 수는 없지만, 그리고 신앙인이 아닌 사람들이 들으면 동의하지 않거나 반발할지 모르지만 이스라엘 백성이 하나님을 기억하지 않으며 악을 행할 때 그들을 징벌하여 돌이키게 하시기 위하여 전염병을 내리시기도 한다는 사실을 알 수 있습니다. 이런 관점에서 볼 때, '우한 폐렴'은 불순종하고 악을 행하는 인류에 대한 하나님의 징벌적 의미가 있는 것으로 생각할 수 있습니다.

3. 역대상 21장 12-17절

이스라엘의 다윗 왕은 범죄도 저질렀지만 '표상적 왕'으로 여겨집니다. 하나님께서는 자신의 죄를 회개하며 진실한 신앙의 길로 돌아선 다윗 왕에게 복을 내리시어 광대한 땅을 얻고 수많은 백성을 갖는 능력 있는 왕국을 세우게 하셨습니다. 그런데 그때 다윗에게 교만한 마음이 들어왔습니다. 그는 자신의 왕국 내에 백성을 계수하고자 시도했습니다. 자신의 업적을 과시하고 왕국의 위대함을 스스로 확인하며 스스로 높이고자 하는 동기가 있었기 때문입니다. 신하들의 만류에도 불구하고 고집을 피워 결국 하나님의 꾸중과 함께 징계를 받게 됩니다. 하나님께서는 삼 년 기근, 적군의 칼, 사흘 동안의 전염병 중 하나를 선택하라고 하셨고, 다윗은 전염병의 징벌을 선택하여 벌을 받았습니다.

전염병으로 칠만 명이나 사망하였고, 다윗은 통회하는 마음으로 오르난의 타작마당을 사서 그곳에 제단을 쌓아 전염병이 그치는 은혜를 얻었습니다(22절). 왕으로 대표되는 지도자의 타락과 교만은 전염병을 통해 많은 백성이 죽는 큰 재앙을 초래합니다. 아울러 알곡과 쭉정이가 가려지는 타작마당의 제단으로 전염병이 가라앉게 됩니다. 전염병은 이처럼 인간의 교만에 대한 하늘의 징벌이며, 알곡과 쭉정이가 가려지는 과정이 됩니다.

4. 누가복음 21장 5-36절

예수님께서 마지막 주간을 지나실 때 화요일로 생각되는 날 성전이 무너질 것을 예언하셨고, 제자들이 "어느 때에 이런 일이 있겠사오며 무슨 징조가 있사오리이까"라고 여쭙자, 마지막 때에 일어날 일들에 대해 예언적으로 가르쳐 주셨습니다. 예수님께서 언급하신 종말적 사건들로는 미혹, 난리와 소요, 지진, 기근, 전염병, 박해 등이 포함되어 있습니다. 즉 전염병은 종말적 사건의 징조입니다. 물론 전염병이 창궐한다고 해서 종말이라고 단정 지어 말할 수는 없습니다.

하지만 분명한 것은 전염병이 돌 때, 우리는 마지막 때를 상기해야 합니다. 우리는 코로나 사태를 지나면서 언제인지는 확실히 모르지만 종말은 꼭 있다는 사실을 기억해야 합니다. 그리고 아울러 "너희 머리 털 하나도 상하지 아니하리라"(18)고 하신 예수님의 말씀을 믿고 염려 하지 말아야 합니다. 또한 스스로 조심하면서(34), 항상 기도하고 깨어 있어야 합니다(36). 전염병은 성도로 하여금 종말의 때를 기억하며 깨 어 준비하는 지혜를 얻도록 촉구하는 하나님의 싸인(sign)입니다.

5. 역대하 7장 11-18절

성전 낙성식을 거행하며 솔로몬은 간절한 기도를 올렸습니 다. 그날 밤 여호와 하나님께서는 솔로몬에게 나타나시어 성전에서 드 리는 기도에 응답하실 것을 약속하시면서, 유명한 말씀을 해주셨습니 다. 본문 13-14절입니다. 여기에 오늘의 주제어인 전염병이 등장합니 다. 전염병이 올 때, "내 이름으로 일컫는 내 백성이 그들의 악한 길에 서 떠나 스스로 낮추고 기도하여 내 얼굴을 찾으면 내가 하늘에서 듣 고 그들의 죄를 사하고 그들의 땅을 고칠지라." 아멘입니다. 우리는 이 말씀을 통하여 몇 가지 중요한 교훈을 얻어야 합니다.

1) 하나님의 주권을 인정해야 합니다.

성경은 하나님께서 모든 것의 주권자이심을 선언합니다. 13절을 보 시면, 누가 비를 주관하시고, 누가 전염병을 주관하십니까? '내가'는 누구입니까? 바로 여호와 하나님이십니다. 하나님은 거룩하신 뜻을 따라 천하 만물을 임의대로 사용하십니다. 어떤 것도 하나님께서 허락하시지 않으면 일어나지 않습니다. 우리는 하나님의 백성으로서 하나님의 주권과 뜻 앞에 순복해야 합니다. 그리고 하나님께서 주권자이시기에 문제출제자가 되시고, 문제해결자도 되심을 알아야 합니다. 전염병의 문제가 주권자이신 하나님께서 허락하시기에 발생한 것이라면 그 문제를 해결해주실 분도 하나님이심을 인식합시다.

2) 보이는 현상 너머에 있는 하나님의 경륜을 바라보아야 합니다.

하나님의 백성은 물질적이고 육체적인 현상 너머에 있는 하나님의 경륜을 바라보아야 합니다. 세상에는 눈에 보이는 것만 아니라 눈에 보이지 않는 것도 있음을 알아야 합니다. 그리고 보이는 것보다 보이지 않는 것이 더 근원적인 것임을 알아야 합니다. 우리는 눈에 보이지 아니하는 하나님의 거룩한 계획인 하나님의 경륜을 알아야 합니다. 하나님의 경륜은 "창조, 타락, 구속, 성숙, 영광"으로 이어지는 역사의 흐름입니다. 우리는 전염병 사태 속에서 단순히 눈에 보이는 전염병에 매몰되어 "전염병을 고쳐주세요."하기 전에 "왜" 전염병이 주어졌으며, 전염병 사태를 통해 무엇을 깨달아야 할지를 생각해야 합니다. 인간은 문제 앞에서, 고난 앞에서, 어려움을 통해서 자신의 연약함을 깨닫고 하나님의 얼굴을 찾아야 합니다.

3) 인간은 겸손히 자신을 돌아보며 악한 길에서 떠나야 합니다.

인류는 물질문명과 세속적인 사상과 인간중심적인 삶의 행태로 인하여 사실상 하나님을 등지고 하나님의 말씀을 무시하고 하나님을 반역하는 문화를 구축하고 있습니다. 점점 불순종과 불경건함으로 나아가고 있습니다. 그 무엇보다도 회개가 요구되는 시대입니다. 회개는 자신의 모습과 마음과 행실을 돌아보면서 반성하고 자책하며 돌이키는 것입니다. 전염병 앞에 속절없이 무기력해지는 인간은 자신의 한계와 무지함을 깨닫고 얼마나 교만했으며 자만했는가를 반성해야 합니다. 인간은 궁극적으로 창조주 하나님 앞에 굴복해야 합니다. 그리고 하나님을 등지고 살았던 것에 대해 잘못을 깨닫고 애통하며 돌이켜야 합니다.

4) 하나님의 얼굴을 찾아야 합니다.

하나님의 얼굴을 찾는 것은 하나님께로 마음을 열고, 하나님의 가르침에 귀를 기울이고, 하나님의 사랑에 응답하는 것입니다. 하나님이 우리를 향하여 얼굴을 돌리실 때 우리도 하나님을 향하여 고개를 돌려야 합니다. 하나님께서 우리를 부르실 때 예배의 자리로 나가야 합니다. 믿음의 길로 나가야 합니다. 주님의 이름을 불러야 합니다. "누구든지 주의 이름을 부르는 자는 구원을 얻으리라" 하셨습니다.

지금 우리는 코로나 팬데믹 상황에서 큰 고통의 계곡을 지나고 있습니다. 백신이 나왔고 예방 주사를 맞는다고 하지만 언제쯤 이런 상황에서 벗어날 수 있을지 아무도 모릅니다. 과학적인 답변과 사회학적인 설명 그리고 의학적인 처방도 필요하고 심리학적인 제안도 있어야 하지만 가장 중요하고 본질적인 것은 성경적이고 신학적인 해석과 영적인 안내입니다. "전염병은 왜 왔을까요?"를 물으면서 동시에 "전염병을 통해 무엇을 깨달아야 할까요?"에 대해 알아야 하고, 나아가 전염병 저 너머에 있는 하나님의 거룩한 뜻을 깨달아야 합니다.

성경은 명확하게 말합니다. 죄를 회개합시다(대하 7:14). 하나님 말씀에 귀를 기울입시다(17). 기도합시다(14-15). 하나님께서 우리의 기도를 들으시고 응답하실 것입니다. 아울러 사도행전 24장을 보니, 복음 증거의 행진을 계속하는 바울 일행을 보면서 대적자들이 외쳤습니다. "이 사람은 전염병 같은 자라"(5). 전염병 시대 속에 복음을 전염시키는 증인들이 됩시다.

묵상을 위한 질문

❶ 당신은 코로나 전염병 상황 속에서 가장 힘든 것이 무엇이라고 생각하십니까?

❷ 당신은 코로나 전염병의 이유를 과거에서 찾는다면 어떤 점을 강조하고 싶습니까?

❸ 당신은 코로나 전염병을 통해 깨달아야 할 점을 미래에서 찾는다면 어떤 점을 강조하고 싶습니까?

2
갑자기 임하는 재난

(요엘 1장 1-14절)

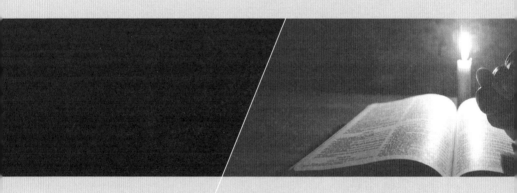

요엘은 남유다의 선지자입니다. 그는 온 유다에 갑작스럽게 임한 거대한 메뚜기 재앙과 여기에 겹치는 심각한 가뭄을 경험하면서 "여호와의 크고 두려운 날"(2:31)이 어떻게 임할 것인지에 대해서 묵시적인 깨달음을 얻었습니다. 그는 하나님께서 메뚜기의 재앙과 가뭄을 통해 자신과 이스라엘 민족에게 무슨 말씀을 하시는지 깨달았습니다. 그래서 그는 하나님께서 전 이스라엘적인 재앙 상황을 만나게 하신 하나님의 뜻을 이스라엘 공동체에 분명하게 전했습니다.

우리는 요엘에게 갑자기 임한 메뚜기 재앙과 혼란스러운 사회상을 봄으로써 우리가 사는 코로나 시대를 신앙적인 관점에서 바로 이해하여야 합니다. 하나님께서는 이 시대를 살아가는 우리에게 무엇인가 요구하고 계십니다. 그래서 우리는 어떤 신앙의 태도와 기대를 가지고 혼란스러운 코로나의 시대를 믿음으로 이겨나가야 할지 깊이 고민해야 합니다.

요엘은 재앙을 경험하면서 결론적으로 하나님의 심판 앞에서 회개하라고 외치고, 진정한 회개는 마음을 찢는 것이라고 말했습니다. 그러면서 동시에 하나님은 주의 성령을 모든 사람에게 부어주실 것이며 교만한 이방인을 심판하고 유다를 회복시켜 주시겠다고 약속하셨습니다. 우리는 오늘날 갑작스런 재난을 당하는 상황에 직면했습니다. 이러한 때 요엘서의 첫 번째 메시지를 통해 우리들은 하나님 앞에서 어떻게 반응해야 할까요?

1. 여호와의 말씀을 들을지어다(1-2).

갑작스러운 재앙을 당하면 사람들은 혼란과 공포, 그리고 고통스러운 반응들을 보이게 됩니다. 너무나 당황스러워 무엇을 먼저 해야 하는지, 어떻게 대처해야 할지 답을 찾을 수가 없습니다. 요엘은 이런 시기에 하나님의 백성이 가장 먼저 해야 할 신앙적인 반응은 하나님의 말씀을 듣는 것이라고 선포했습니다.

우리가 하나님의 말씀을 우선 들어야 하는 가장 중요한 이유는 우리가 갑작스럽게 만나게 된 재앙에 대한 신앙적인 해답을 하나님께서 알고 계시기 때문입니다. 요엘은 청중들을 향하여 "너희의 날에나 너희 조상의 날에 이런 일이 있었느냐"라고 질문했습니다. 갑작스러운 재난을 만나게 될 때 하나님의 뜻을 구하는 것이 믿음을 가진 사람들에게 가장 필요한 신앙의 자세입니다. 또 성도는 혼란스러움에 빠진 세상 가운데에서 하나님의 말씀을 전파할 사명이 있기 때문에 하나님의 뜻을 분명하게 이해하고 증거해야 합니다.

하나님의 말씀에 믿음으로 반응하고 청종해야 하는 사람들은 누구일까요? 요엘은 그 대상에 어떤 예외도 없다고 밝히고 있습니다. 2절에서는 "늙은 자들과 땅의 모든 주민들"에게 귀를 기울이라고 말씀하고 있습니다. 하나님의 말씀을 들어야 하는 사람은 단 한 사람도 예외가 없습니다. 인생의 경험이 많은 노인을 포함해서 누구나 예외 없이 하나님의 말씀에서 해답을 찾아야 합니다. 그래서 하나님이 주시는 믿음의 교훈들을 믿음의 자녀들과 믿음의 후예들에게 전해야만 합니다. 3

절에 "너희는 이 일을 너희 자녀에게 말하고 너희 자녀는 자기 자녀에게 말하고 그 자녀는 후세에 말할 것이니라"라고 말씀합니다.

　성도는 세상에 영적인 파수꾼이요 세상의 파수꾼입니다. 믿음의 성도들이 깨어 있어야 세상도 하나님의 뜻을 깨닫게 될 것입니다. 이처럼 가장 어려운 시대 상황 속에서 교회와 세상을 지키는 파수꾼의 사명을 온전히 감당하기 위하여 세상의 음성이 아닌 하나님의 음성에 귀를 기울이기를 축복합니다.

2. 너희는 울지어다(5,8,9).

　　　하나님께서 갑작스러운 재앙을 만난 하나님의 백성들에게 두 번째로 요구하시는 신앙적인 반응은 '울고 통곡하는 것(5, 8)'이라고 말씀하셨습니다. 하나님은 고통스러운 시대에 고통을 당하는 사람들에게 자연스럽게 찾아오는 정서적인 반응은 눈물을 흘리는 것이라고 말씀해주셨습니다. 메뚜기 재앙을 만난 모든 사람은 한결같이 고통스러움을 겪게 될 것입니다. 그리고 이러한 고통스러움의 표현은 애곡입니다.

　요엘은 갑작스러운 재앙이 몰고 올 고통스러운 상황에 대해 5절 이하의 말씀을 통해서 아주 상세하게 묘사하고 있습니다. 그들이 울면서 곡할 수밖에 없는 상황을 묘사하면 이렇습니다. '메뚜기가 들의 포도나무와 무화과나무를 다 갉아 먹었고 엎친 데 덮친 격으로 가뭄이 겹쳐서 토지가 황무하게 말라버렸다. 그래서 포도주를 마시면서 인생을 즐기던 자들은 더 그 인생을 즐길 수 없게 될 뿐만 아니라 포도주도 거둘 수 없고 밀과 보리의 소산도 거둘 수 없고, 무화과 열매와 모든 곡식의 열매를 거둘 수 없게 되어서 하나님의 성전에 드릴 곡식제물이 없어져서 소제와 전제조차도 드릴 수 없게 될 것이다.'

하나님은 인생을 낙관하면서 포도주로 인생을 즐겁게 하던 사람들뿐만 아니라 곡식을 거두는 농부들도 밭의 소산을 거둘 수 없어서 애곡하게 될 것이며, 하나님의 성전을 섬기는 제사장들 역시 슬퍼하며 애곡할 것이라고 말씀하셨습니다.

코로나는 목회자를 포함한 모든 백성에게 고통을 가져다주고 있습니다. 어떤 사람들은 더 이상 인생의 낙이 없어서 울게 될 것이고, 어떤 사람은 직장을 잃어버려서 울게 될 것이며 또 목회자는 이런 고통을 겪는 성도들이 교회에 와서 예배할 수 없게 되는 상황이 찾아와서 눈물짓게 될 것입니다. 교회는 세상의 고통을 당하는 사람들과 함께 고통을 받으면서 울어야 합니다. 예수 그리스도께서 사람의 몸을 입으시고 이 땅에 오셔서 사람들이 당하는 모든 아픔을 겪으신 것처럼 교회도 세상의 아픔에 동참해야 합니다.

그러나 요엘서에서 그들이 정말로 곡하며 울어야 하는 더 중요한 이유는 곧 '여호와의 날'이 찾아올 것이기 때문입니다(2:1). 요엘이 본 여호와의 날은 심판의 날로서 메뚜기 재앙과는 비교할 수도 없는 두려운 날이 될 것입니다. 요엘은 2장 1절에서 이러한 심판의 날이 옛날에도 없었고, 이후에도 대대에 없을 만한 일이라고 선언했습니다. 요엘 2장 1절에 "시온에서 나팔을 불며 나의 거룩한 산에서 경고의 소리를 질러

이 땅 주민들로 다 떨게 할지니 이는 여호와의 날이 이르게 됨이니라 이제 임박하였으니"라고 말씀했습니다.

하나님은 이 세상에서 고통당할 백성들의 아픔을 보면서 함께 울라고 말씀하시지만 더 중요한 심판의 문제들을 보고 눈물지으며 기도하기를 원하십니다. 하나님은 죄지은 백성들이 스스로 돌아보면서 회개하지 않으면 결국 저주 가운데에서 멸망할 수밖에 없는 자기 모습을 바라보도록 강력하게 요구하시는 것입니다. 코로나 시대에 영적으로 깨어 정신을 차리고 현재의 자신의 모습을 깨닫고, 하나님 앞에서 회개의 눈물을 흘릴 수 있는 영적인 사람이 되기를 바랍니다.

3. 너희는 부르짖으라(14).

요엘은 환난의 시기에 하나님의 사명을 감당하는 제사장들에게 명령하였습니다. 하나님은 백성들에게 세 번째 신앙적인 반응을 명령하셨습니다. 이 명령의 핵심은 '여호와께 부르짖는 것'입니다. 우리는 왜 하나님께 부르짖어야 합니까? 회복은 하나님으로부터 시작되기 때문입니다. 하나님의 사람들이 하나님께 부르짖을 때 하나님은 회복을 시작하십니다. 코로나로 고통당하는 세상에서 믿음의 사람들의 가장 중요한 신앙적 반응은 '하나님께 부르짖는 것'입니다. 그런데 성경은 하나님께 부르짖을 때 제사장 혼자만 나와서 하나님께 부르짖으라고 하시지 않았습니다. 이것이 중요합니다.

지금 우리는 코로나 시대의 상황 가운데 있습니다. 그렇다면 누가 하나님께 부르짖어야 할까요? 하나님은 요엘을 통해서 어떻게 하나님께 나와 부르짖어야 하는지를 말씀하셨습니다. 먼저 하나님은 성전을 섬기는 제사장들에게 하나님의 성전에서 소제와 전제의 제사를 드리지 못하는 대신에 굵은 베옷을 입고, 밤이 새도록 성전 마당에서 밤을 새우도록 명령하셨습니다. 13절의 "밤이 새도록 누울지어다"는 원문상 '밤을 새우라'는 말씀입니다. 제사장의 직무는 예배만을 인도하는 것이 아니었습니다. 그들은 누구보다 환난 날에 하나님 앞에서 자신의 행위를 돌아보고 회개의 베옷을 입어야 했습니다. 그리고 가장 먼저 하나님 앞에서 깨어 부르짖는 자가 되어야 했습니다. 하나님은 하나님께 부르짖어야 하는 사람이 제사장만의 책임이라고 말씀하지 않았습니다. 요엘은 "장로들과 이 땅의 모든 주민은 너희 하나님 여호와의 성전으로 모이라"고 말했습니다(14). 그렇다면 이 말씀을 오늘 우리에게 어떻게 적용을 할 수 있을까요? 이 말씀을 우리에게 적용한다면 코로나의 시대에 기도할 사람들은 목회자뿐만이 아니라 모든 백성의 지도자와 모든 백성이라는 것을 알아야 합니다. 교회는 그리스도의 몸입니다. 교회는 목회자를 포함한 모든 성도이기 때문에 하나님 앞에 나아가 부르짖어야 하는 것도 교회 공동체의 몫입니다.

하나님은 요엘에게 부르짖는 자들이 어떻게 부르짖을 것인지에 대해서도 말씀하셨습니다. 요엘은 금식일을 정하고 성회를 소집하여 하나님의 성전에 모여 기도하라고 말씀하셨습니다. 오늘의 교회는 이 말씀에 귀 기울여야 합니다. 지금 코로나 시대의 심각성과 위기를 깨닫고 이 위기의 원인이 교회가 가지고 있는 영적 타락과 게으름 때문인 것을 자각해야 합니다. 그리고 그 심각성을 몸으로 인식하여 베를 두르는 마음과 금식하는 자세로 기도해야 합니다. '비록 코로나로 인해서 교회에 자유롭게 모일 수는 없는 상황이지만, 그 가운데에서 어떻게 모든 성도가 함께하는 성회로 모일 것인가? 또 어떻게 여호와의 성전 즉 교회를 이룰 것인가?'에 대해서 깊이 고민을 해야 합니다. 우리는 목회자와 함께 모든 성도가 베를 두르고 금식을 하며, 한몸으로 연합하여 부르짖을 수 있어야 합니다.

코로나는 우리 모두를 한 곳에 모일 수 없게 만들었습니다. 그러나 우리의 하나님은 살아계십니다. 성경을 보십시오. 요한복음 4장 21절에 예수님은 예루살렘 성전도 아니고 그리심 산의 예배처소도 아닌 새로운 곳에서 예배하게 될 것이라고 말씀하셨습니다. 또 사도 바울은 고린도전서 3장 16절의 말씀을 통해서 눈으로 보이는 건물이 성전이 아니라 '너희'라는 공동체가 성전이라고 말했습니다. 코로나 시대에 교회는 예수님과 사도 바울이 말씀하신 진정한 형태의 성전에서 하나님께 부르짖게 될 것입니다.

가장 고통스러운 시대를 살아가는 사람들을 향한 하나님의 처방전은 회복을 향한 부르짖음입니다. 하나님은 믿음의 사람들의 부르짖음을 통해서 새로운 회복을 시작할 것입니다. 온 세상을 품고 하나님 앞에 나아가서 간절함으로 회복을 부르짖는 모든 교회가 되기를 축복합니다.

묵상을 위한 질문

❶ 인생의 심각한 위기들을 경험할 때 말씀과 사람의 조언 중 어떤 것이 당신에게 더 큰 영향력을 발휘하나요?

❷ 당신은 코로나로 고통을 겪고 있는 사람들과 함께 울고 있습니까? 그리고 구원받지 못해 심판받을 사람을 위해서 울고 있습니까?

❸ 코로나 시대에 모든 성도가 함께 교회에서 기도하여 부르짖지 못하는 상황에서 당신은 어떻게 교회와 한몸을 이루어 하나님이 들으시는 기도를 할 수 있을까요?

3
환난 중에 일하시는 하나님
(고린도후서 1장 3-11절)

우리는 2020년 봄, 신천지 코로나19 집단감염으로 인하여 대구 지역을 중심으로 방역의 위기상황이 발생했을 때를 기억합니다. 그리고 대구동산병원 의료진의 수고와 노력을 결코 잊을 수가 없습니다. 코로나 확진자는 계속 증가하고, 병실은 부족하고, 의료 손길도 부족한 가운데, 전국에서 자원봉사를 위해 모여드는 의료진과 속속 답지하는 후원 물품을 보면서 전 국민은 든든했고, 소망의 끈을 붙잡을 수 있었습니다. 특히 200여 간호사들이 방호복 착용으로 인해 생기는 얼굴 상처를 막기 위해서 반창고나 패드, 테이프 등을 붙인 모습은 매우 인상적이었습니다. 언론은 그것을 '명예의 배지'라 표현했습니다.

계명대학교 대구동산병원은 1899년 선교사님들이 세운 대구 제중원을 모태로 합니다. 계명대학교 동산병원이 신축 이전한 후 그 자리에 2019년 4월 9일 종합병원으로 문을 열었습니다. 그러다가 코로나19 감염병 전담병원으로 전환하여 역할을 훌륭하게 수행하였습니다. 사실 코로나 전담병원이 된다는 것은 많은 희생을 각오하지 않으면 안 되는 결단이었을 것입니다. 하지만 사랑과 헌신의 기독교 정신을 바탕으로 가장 낮은 곳에서 섬김을 실천하는 사랑과 치유의 빛이 된다는 대구동산병원의 사명감이 없었다면 불가능했을 것입니다.

현대인들은 병원과는 떼려야 뗄 수 없는 관계 속에서 살아갑니다. 병원에서 출생하고, 아프면 자연스레 병원을 찾게 되고, 또 마지막 순간에 죽음을 맞이하는 곳도 병원일 가능성이 높습니다. 육체의 연약함 가운데 마음도 초조해지고 나아가 영적으로도 피폐해지는 환자들 그리고 보호자들과 씨름하면서, 치료와 보살핌을 계속하는 의료진의 수

고에 다시 한번 감사하지 않을 수 없습니다.

　오늘 본문은 사도 바울이 고린도 교회에 보낸 서신입니다. 사도 바울과 고린도 교회는 매우 특별한 관계에 있었습니다. 바울은 2차 전도여행 때 고린도에서 복음을 전했고, 일 년 반을 머무르는 가운데 교회는 크게 부흥했습니다(행 18장). 바울이 떠난 후 도시의 환경적인 영향과 거짓 사도들에 의해 잘못된 신앙과 분열에 휩싸이게 되었습니다. 3차 전도여행 중 에베소에 머물던 사도 바울은 그 말을 전해 듣고, 고린도 교회의 부도덕한 행위를 바로잡기 위해 지금은 전해지지 않는 첫 번째 서신을 보냈습니다(고전 5:9). 하지만 기대했던 반응을 얻을 수 없었고, 도리어 글로에의 집 사람을 통해 교회의 여러 문제에 대해서 듣게 되었습니다(고전 1:11). 그래서 바울은 다시 두 번째 편지를 보냈는데 그것이 바로 고린도전서입니다(고전 16:10). 그러나 교회의 내재적 문제는 해결되지 않았습니다. 그래서 바울은 서둘러 고린도 교회를 방문하였는데, 그만 모욕을 당하고 큰 슬픔 가운데 돌아올 수밖에 없었습니다(고후 2:1). 바울은 마음을 추스르고 전해지지 않지만 "눈물의 편지"로 알려진 세 번째 서신을 보냈습니다(고후 7:8). 그 후 바울은 마게도니아로 가서 디도를 만나 고린도 교회의 변화된 상황 소식을 들었습니다. 이에 바울은 네 번째 서신으로 "화해와 위로의 서신"으로 불리는 고린도후서를 보내어 환란 당함의 의미와 자신의 사도권 변증 그리고 가난한 성도를 돕기 위한 구제헌금 등에 관하여 설명하였습니다. 이렇듯 사도 바울은 고린도 교회 성도들에게 자신이 겪은 환난 경험을 통하여 깨달은 "환난 중에 일하시는 하나님"에 관하여 증거했습니다.

지금 우리는 코로나 팬데믹으로 많은 어려움을 겪고 있습니다. 인간은 왜 이러한 어려움을 당할까요? 인간이 고난에 처하게 될 때 어떻게 하면 좋을까요? 인간이 겪는 환난은 무슨 의미가 있는 것일까요?

1. 환난 중에 인간의 연약함을 인정하게 됩니다.

본문 8-10절에서 바울은 아시아에서 여러 가지 환난을 겪었다고 언급했습니다. 성경을 보면 바울이 복음을 전하기 위해 많은 나라를 다니며 얼마나 많은 환난을 다양하게 경험하였는지 알 수 있습니다(고후 11:23-27). 그는 "힘에 겹도록 심한 고난을 당하여 살 소망까지 끊어지고 우리는 우리 자신이 사형선고를 받은 줄 알았다"고 했고, 그때의 상황을 "큰 사망"이라고 묘사했습니다. 간단하게 말하면 죽는 줄 알았다는 말입니다.

인간은 이처럼 얼마든지 환난을 당할 수 있는 존재입니다. 환난은 어쩔 수 없이 인간에게 다가옵니다. 다가오는 환난을 척척 피할 수 있다면 얼마나 좋을까요? 그러나 오히려 그 반대입니다. 자연재해나 천재지변이 그렇습니다. 전염병도 마찬가지입니다. 코로나19가 처음 발생했다는 소식을 들었을 때 다른 나라 이야기로 알았고, 우리와는 상관없을 것으로만 여겼습니다. 그러나 지금은 어떻습니까? 전 지구촌이 함께 팬데믹을 경험하고 있습니다.

인간은 알고 보면 연약한 존재입니다. 사건, 사고, 질병, 실수, 실패, 위험, 고통, 환난 등으로부터 완전히 자유로울 사람이 있겠습니까? 인류는 코로나 팬데믹 앞에 겸허해져야 합니다. 역사의 주관자이신 하나님 앞에 겸손해져야 합니다. 모든 환난 중에서 우리를 위로하실 분은 오직 하나님뿐입니다. 우리는 자비로우신 하나님 앞에 겸손히 나가야 합니다. 그리고 우리 자신의 무지함, 부족함, 연약함 그리고 한계를 인정하고 전능하신 하나님의 도우심을 구해야 합니다. "환난 날에 나를 부르라 내가 너를 건지리니 네가 나를 영화롭게 하리로다"(시 50:15)는 주님의 음성에 우리 모두 순복합시다.

2. 환난 중에 하나님의 위로를 경험합니다.

하나님께서 환난을 우리에게 허락하시는 이유는 무엇일까요? 본문 4절에 보면 "우리의 모든 환난 중에서 우리를 위로하사"라고 했습니다. 사도 바울은 자신이 겪은 환난을 하나님의 위로와 연결하여 이해하였음을 보여주는 말씀입니다. 여기서 "환난 중에서"를 직역하면 "환난 때문에"라는 의미입니다. 즉 그리스도인으로서 겪게 되는 환난이 오히려 하나님의 위로를 받게 되는 근거의 역할을 하게 된다는 말씀입니다. "왜 환난을 겪는가? 그 이유는 하나님의 위로를 실제로 경험하기 위함이다." 이 얼마나 놀라운 말씀입니까!

사도 바울은 전도여행 중에 닥치는 환난과 역경 중에서 강력한 능력과 무궁한 은혜로 도우시는 하나님이 자신과 함께 계셨음을 간증합니다. 그리고 자신의 경험에 근거하여 고린도 교회에도 하나님의 위로가 분명히 임할 것을 확증시켜 주었습니다. 그래서 그는 5절에서 이렇게 말합니다. "그리스도의 고난이 우리에게 넘친 것 같이 우리가 받는 위로도 그리스도로 말미암아 넘치는 도다." 그리고 이 모든 경험과 깨달음은 바울 그 자신에게 위로의 하나님을 찬송하게 하였습니다. "찬송하리로다 그는 우리 주 예수 그리스도의 하나님이시요 자비의 아버지시요 모든 위로의 하나님이시며 우리의 모든 환난에서 우리를 위로하시는 하나님이라"(3).

하나님은 환난 중에 있는 우리를 절대 떠나지 않으십니다. 하나님은 언제 어디서나 어떤 환난으로부터도 우리를 구원해 주십니다. "자비의 하나님"에서 "자비"라는 말이 영어로 컴패션(compassion)인데, 라틴어로 '함께'를 의미하는 com과 '고통'을 의미하는 pati가 합쳐져서 이루어진 말입니다. 즉 우리의 고통(passion)을 함께(com) 하신다는 뜻입니다. 하나님께서 우리의 환난을 외면하지 않으시고, 우리를 환난 속에 홀로 내버려 두지 않으시며 우리의 환난을 함께 나누신다는 것입니다.

사도 바울이 겪은 환난 가운데서 하나님의 위로를 경험하고 하나님을 찬송하도록 역사하셨던 하나님께서 우리에게도 함께 하시고 위로하실 것입니다. 코로나 사태로 인해 경제적인 침체를 경험하면서 소망을 잃은 사람들, 병마로 인해 절망을 체험하는 사람들, 취업에 어려움을 겪는 사람들, 환난과 시련의 길을 걸어가고 있는 사람들에게 하나님의 위로가 함께 하고 하나님의 도우심이 함께 하기를 축원합니다.

3. 환난의 경험으로 다른 사람을 도울 수 있게 됩니다.

바울은 자신이 당한 환난의 깊은 의미가 자기 자신에게 그치지 않음을 잘 알았습니다. 그는 하나님께서 그가 처한 그 큰 고난으로부터 구원하시고 위로하시는 것은 자신만을 위한 것이 아니라 자기처럼 환난 중에 있는 모든 사람을 위한 것이라고 말하고 있습니다(4). 즉 그는 환난 가운데 있는 다른 사람도 자신과 같은 하나님의 위로를 경험하고, 그들에게도 하나님의 도우심이 임하기를 바랐습니다.

하나님은 하나님의 사람이 경험한 모든 것을 영적 자원으로 삼아 다른 사람을 돕도록 역사하십니다. 코로나 상황 속에서 우리 자신도 힘들고 어려울 것입니다. 그러나 우리가 받은 하나님의 은혜를 다른 사람과 나누어야 합니다. 우리는 하나님께서 역사하시는 축복의 통로가 되어야 합니다.

우리가 할 수 있는 가장 큰 도움은 다른 사람을 위한 기도 즉 도고기도 일 것입니다. 바울은 본문 마지막 부분 11절에서 "너희도 우리를 간구함으로 도우라"고 부탁했습니다. 그는 하나님께서 그의 백성들의 기도를 통해 역사하신다는 사실을 알고, 도고기도의 힘을 강조했습니다. 사도 바울에게도 도고기도가 필요했고, 고린도 교회에도 도고기도가 필요했습니다. 코로나 팬데믹 상황은 그 어느 때보다도 성도와 교회에 도고기도의 필요성을 강조하고 있습니다. 우리는 함께 "영과 혼과 몸"이 온전하게 보존되기 위하여 기도해야 합니다.

4. 환난을 견디고 인내해야 합니다.

사도 바울은 본문 5절에서 그리스도의 고난이 성도의 삶 가운데 나타나 그리스도의 고난에 참여하는 것과 같이 그리스도의 위로가 우리에게 충만함을 선언하였습니다. 그는 그리스도의 남은 고난을 자신의 육체에 채운다고 말했고(골 1:24), 그리스도로 말미암는 위로가 함께 하기에 환난을 넉넉히 견딜 수 있다고 고백했습니다. 그래서 그는 본문 6절에서 이렇게 선언합니다. "이 위로가 너희 속에 역사하여 우리가 받는 것 같은 고난을 너희도 견디게 하느니라." 아멘! 위로는 환난을 잘 참고 견딘 사람에게 주어지는 상급이라기보다는 하나님의 위로하심이 있기에 어떤 환난도 견디게 된다고 말할 수 있습니다. 우리는 고난과 환난에 처할 때 낙심하거나 좌절하거나 슬퍼하거나 실의에 빠져 있기보다 하나님께서 반드시 건져주실 것을 믿고, 전적으로 하나님만을 의지하며, 그리스도의 고난과 위로를 묵상하며 고난을 견디고 이겨내야 합니다. 우리 안에는 이미 하나님의 위로가 임하여 있습니다. 그 위로가 우리의 소망입니다(7). 어떤 환난이 닥쳐와도, 우리는 부활하신 주 예수님을 믿는 사람으로서 "죽은 자를 다시 살리시는 하나님"(9)을 의지함으로 견딜 수 있습니다.

연약한 인간에게는 분명히 한계가 있습니다. 그러나 절대자이신 하나님은 권세와 능력이 있기에 우리의 생각보다 더 크고 위대한 일을 행하실 것입니다. 사도 바울은 10절에서 "그가 이같이 큰 사망에서 우리를 건지셨고 또 건지실 것이며 이후에도 건지시기를 그에게 바라노라"라는 고백으로 어떤 상황에서도 절대 떠나지 않고 함께 하시는 하나님이심을 선언하였습니다.

야고보서 1장 12절은 "시험을 참는 자는 복이 있나니 이는 시련을 견디어 낸 자가 주께서 자기를 사랑하는 자들에게 약속하신 생명의 면류관을 얻을 것이기 때문이라"라고 말씀하고 있습니다. 바로 이 말씀이 현재를 살아가는 우리의 신앙과 삶에 중요한 가르침과 위로가 되는 것입니다. 위로는 자비하신 하나님이 어떤 환난에서도 우리를 구원하실 것이라는 사실에서 오는 것입니다. 우리의 고난마저도 하나님은 귀하게 쓰셔서 많은 사람을 위로하시며, 인내하게 하시고 승리하게 하시는 도구로 쓰신다는 사실을 잊지 말아야 합니다.

우리는 그 어떤 환난 속에서도 우리를 구원하시며, 위로하시고, 견디게 하시며, 종국적으로 이기게 하시는 하나님을 기억해야 합니다. 요한복음 16장 33절에서 예수님은 "세상에서는 너희가 환난을 당하나 담대하라 내가 세상을 이기었노라"고 말씀하셨습니다. 승리하신 주님이 계시기에 우리는 이기신 그분을 믿고 따라가야 합니다.

진정한 참 그리스도인인가 아닌가 여부는 실패와 역경과 환난을 겪을 때 드러나게 된다고 합니다. 좋을 때와 건강할 때는 신앙의 진가가 별로 차이가 나지 않지만 환난의 때에 분명한 차이를 드러내게 된다는 의미에서입니다. 어떤 믿음이 참 믿음인가는 이런 병고와 코로나로 인한 환난의 어려움을 당할 때 여실히 드러나게 됩니다. 지금 코로나 팬데믹 상황 속에 환난을 겪고 있으니 이때를 위로의 하나님, 환난 중에

일하시는 하나님을 새롭게 발견하는 기회로 삼고 믿음으로 잘 극복하
시길 예수님의 이름으로 축복합니다.

묵상을 위한 질문

❶ 코로나19로 나는 어떤 어려움과 환난의 환경에 처해 있습니까?

❷ 당신이 환난의 상황을 견딜 수 있는 근거는 무엇이 되어야 한다고 생각
하십니까?

❸ 당신에게는 다른 사람을 돕는 데 도구가 될 수 있는 어떤 환난 통과 경험
이 있었습니까?

4
교회를 향한 하나님의 진단

(요한계시록 3장 14-22절)

   지금 우리는 매우 혼란스러운 시대를 살아가고 있습니다. 소위 말하는 현대의 포스트모더니즘은 일체의 정형화된 절대 진리 체계를 부정하고 모든 것을 상대적으로 그리고 임시적인 것으로 이해하려고 시도합니다. 문화 해석에 있어서도 독자비평이라는 것을 도입하여 기록자의 의도나 목적 같은 것은 도외시 하고, 오히려 독자가 글을 읽으면서 느끼는 감각적 이해와 반응에 더 큰 가치를 부여하고 있습니다.

   더더욱 교회의 가르침과 기독교의 메시지를 거부하는 세속주의로 나가는 것이 현대사회의 속성이라 하겠습니다. 우리나라에서는 중국 우한에서 시작된 것으로 알려진 코로나19 사태를 맞이하면서 방역이라는 이름으로 기독교회를 향한 거대한 사회적 쓰나미를 경험했고, 반기독교 정서가 더욱 팽배하게 되었습니다. 교회는 말 그대로 '욱여쌈을 당하는' 상황에 처하게 되었습니다.

   오늘 여러분과 함께 우리 시대를 향한 하나님의 말씀을 같이 살펴봄으로써 우리 시대의 모습과 또 우리 시대를 어떻게 이겨나갈 수 있는가를 같이 나누기를 원합니다. 성경에는 두 종류의 일곱 교회 서신이 있습니다. 하나는 교회의 내면에 관하여 바울이 쓴 일곱 교회의 서신이 있고, 또 하나는 각 시대 속에 교회의 외면적인 모습을 기록한 사도 요한이 쓴 계시록의 일곱 교회 서신이 있습니다. 이 두 일곱 교회의 서신을 통해서 하나님께서는 교회가 어떠해야 하는지와 함께 여러 시대적인 교회의 모습들을 정확하게 말씀하시고 있습니다.

   요한계시록에 기록된 일곱 교회의 모습을 해석함에 다양한 원리가 있는데, 각각 교회 역사의 일곱 시대 교회에게 주신 메시지로 이해하기도 하고, 일곱 교회의 모습 전부가 각 시대의 교회가 지닌 어떤 국면을 드러내 주는 것으로 보기도 합니다. 저는 특히 일곱 번째 라오디게아 교회의 모습을 보면서 지금 우리 시대의 교회 모습을 비추어보고자 합니다.

라오디게아는 빌라델비아 동남쪽 약 72km, 에베소에서 동쪽으로 약 160km 지점에 위치한 도시로서 라이커스(Lycus) 계곡에 있는 여러 도시 중 하나입니다. 또한 맞은편으로 10km 지점에는 히에라볼리가 있고 약 14km 지점에 골로새가 위치해있었습니다. 라오디게아는 교통의 요충지였고 모직물 공업이 발달했으며 활발한 금융 거래로 풍요로운 생활을 누렸습니다. 또 '브루기아 가루'라고 알려진 안약과 의료학교가 있었습니다. 그러나 이곳은 물 사정이 좋지 않아 히에라볼리와 골로새로부터 항상 수로를 이용해 물을 공급받아야만 했습니다. 오늘 사도 요한이 언급한 일곱 교회 중 마지막에 등장하는 라오디게아 교회에 보낸 메시지를 통해 하나님께서 우리에게 들려주시는 음성을 듣기 원합니다.

1. 타협적인 교회

본문 15절에서 성령님께서는 라오디게아 교회를 향하여 "내가 네 행위를 아노니 네가 차지도 아니하고 뜨겁지도 아니하도다 네가 차든지 뜨겁든지 하기를 원하노라"고 하셨습니다. 성령님께서는 골로새로부터 라오디게아로 공급되는 냉수와 온천지대인 히에라볼리로부터 공급되는 뜨거운 물을 근거로 말씀하셨습니다. 냉수면 차가워야 하고 온천수면 뜨거워야 하는데 라오디게아로 공급되는 물은 먼 거리를 흘러오다 보니 차갑지도 않고 뜨겁지도 않은 미지근한 물이 되고 말았습니다. 차갑다는 것은 불신앙적인 태도로 세상에 속하였음을 시사하며, 뜨겁다는 것은 신앙적인 열정을 의미하는 것입니다. 그러나 라오디게아 교인들은 차지도 뜨겁지도 않은, 즉 불신앙적인 면과 신앙적인 면이 적당히 섞여 있는 모습을 가지고 있었습니다.

미지근한 모습은 라오디게아 교회의 모습일 뿐만 아니라 현대교회의 모습이기도 합니다. 신앙이 없는 것은 아니나, 그렇다고 열정적인 신앙을 나타내는 것도 아닌 어정쩡하게 회색지대에 놓여 있으면서 상황에 따라 처신하는 애매한 태도가 이 시대의 신자들 모습이 아닌가 합니다. 교회는 다니지만 깊숙하게 들어오지는 않고 언저리에서 맴돌다가 여차하면 발을 빼는 모습, 그렇다고 아주 신앙을 떠나는 것도 아닌 경계 선상의 모습입니다. 믿지 않는다고 말하기 어려울 만큼만 신앙생활을 하는 교인들이 많습니다.

적당한 거리를 유지하면서 교회생활을 교양 있는 사회활동으로 여기거나 자녀들의 인성 교육을 위해 도움이 된다고 생각하는 종교인의 태도를 지닌 사람들이 바로 현대판 라오디게아 교인들입니다. 부담되는 헌신을 요구할 때면 주춤거리면서 교회에 발걸음을 줄이는 이기적인 종교 소비자들입니다. 신앙적 열심이 없을 뿐만 아니라 영적으로 아무런 영향력을 발휘하지 못합니다. 하나님의 말씀과 영적 사업에 대해 무관심합니다.

라오디게아 교인들에게 "차든지 뜨겁든지" 하라는 요구는 양자 중 반드시 하나를 선택하라는 의미라기보다 타협적인 중간 상태에 머물지 말고 뜨거운 열정을 가지라는 강력한 권고의 메시지입니다. 성령님께서는 그러한 라오디게아 교회를 향하여 준엄하게 꾸짖으십니다. "네가 이같이 미지근하여 뜨겁지도 아니하고 차지도 아니하니 내 입에서 너를 토하여 버리리라"(16절). 하나님께서는 미지근한 즉 타협적인 신앙인들을 거부하십니다. 명목상의 신자들을 거부하십니다. 경계 선상의 성도들을 거부하십니다. 중간지대의 성도들을 거부하십니다. 우리는 신앙적 열정을 회복해야 합니다. 성도라면 성도로서의 태도를 분명히 밝혀야 합니다. 교인이면 교회 안으로 확실하게 들어서야 합니다. 미지근한 태도를 버리고 뜨거운 심령을 회복하여 온전히 그리스도께 속한 성도가 됩시다.

2. 외형적으로는 부요하나 내면적으로는 가련한 교회

성령님은 17절에서 라오디게아 교회에 대해 "네가 말하기를 나는 부자라 부요하여 부족한 것이 없다 하나 네 곤고한 것과 가련한 것과 가난한 것과 눈먼 것과 벌거벗은 것을 알지 못하는도다"라고 경고하셨습니다. 라오디게아 지역은 모직물 공업이 발달했으며 활발한 금융 거래로 풍요로운 생활을 누렸습니다. 겉으로 볼 때는 부요하였습니다. 더 바랄 것이 없을 만큼 물질적으로는 부족함이 없어 보였습니다. 그러나 내면적으로는 빈곤했습니다. 일곱 교회 중 하나로 앞서 소개된 서머나 교회와는 정반대입니다.

서머나 교회는 외적으로는 가난과 핍박 속에 있었으나 영적으로는 부요했습니다(계 2:9). 물질적 풍요 속에 정신적인 빈곤과 영적인 황폐함이 점점 더해가는 것이 현대사회의 특징 중 하나입니다. '곤고한 것'은 전쟁으로 인해 모든 것이 약탈당하거나 파괴당했을 경우를 묘사하는 것입니다. 물질적 풍요가 오히려 독이 되어 영적 빈곤을 초래한 것입니다. 가난할 때는 비록 배를 채우지는 못했어도 정신적으로는 고상했고 영적으로 간절했습니다. 그러나 현대교회는 물질주의와 세속주의 물결 앞에 속수무책으로 점령당하고 있습니다. 배고팠던 시절에는 기도원마다 부르짖는 소리가 가득했으나 배부르고 등 따스워진 요즈음에는 그 믿음의 열기가 식고 있습니다. 질적 풍요로움 속에 영적으로는 피폐해진 현대교회는 주의 책망을 듣고 다시 가난한 심령을 회복해야 합니다. 목마름을 다시 회복해야 합니다. 회개하고 그리스도로 다시 옷 입어야 합니다. 불로 연단한 금을 사서 복음의 열정을 다시 붙잡아야 합니다. 번듯하게 세워진 교회당과 외적인 신앙생활을 자랑할 것이 아니라 가난한 심령으로 가슴을 두드리며 주님 앞에 목이 메어 엎드리는 세리의 심정을 회복해야 합니다.

3. 분별력을 상실한 교회

성령님은 라오디게아 교회를 향해 17-18절에서 "눈먼 것과 벌거벗은 것을 알지 못하는도다 내가 너를 권하노니 내게서 불로 연단한 금을 사서 부요하게 하고 흰옷을 사서 입어 벌거벗은 수치를 보이지 않게 하고 안약을 사서 눈에 발라 보게 하라"고 말씀하셨습니다. 라오디게아 교회는 눈이 멀었습니다. 그들에게는 안약이 필요했습니다. 눈이 멀었다는 것은 분별력을 상실한 상태를 의미합니다. 현대교회는 왜 존재하는지에 대한 사명의식을 상실했습니다. 교회가 교회의 존재 이유를 상실할 때 자신의 역할과 사명을 잃어버리게 됩니다.

교회가 하나의 훌륭한 사회단체가 되고 맙니다. 교회가 세상에 대해 어떤 메시지를 내야 하는지를 분별하지 못할 때, 세상은 교회를 향해 그들의 요구를 들이대면서 세상이 요구하는 교회가 되라고 채근합니다. 교회는 세상에 부응하는 집단으로 서서히 변해갑니다. 교회의 머리되신 예수 그리스도를 인정하는 것보다 사회의 시선과 세상의 인정을 추구합니다. 더 이상 교회다운 모습을 지니지 못하게 됩니다.

현대교회는 교회가 외쳐야 할 메시지에 대해서, 교회가 감당해야 할 사명에 대해서 혼란을 겪고 있습니다. 교회는 교회가 아니면 하지 못할 일을 하는 데 우선권을 부여해야 합니다. 교회가 아니어도 할 수 있는 일을 하느라 교회가 할 일을 외면하거나 소홀히 여긴다면 분별력을 상실한 교회가 되고 말 것입니다.

우리는 안약을 사서 발라야 합니다. 다시 비전을 붙잡아야 합니다. 주 예수님께서 분부하신 지상명령을 향해 초점을 재조정하고 거룩한 영적 싸움을 싸워야 합니다. 사도 바울은 "내가 사람들에게 좋게 하랴 하나님께 좋게 하랴"고 외쳤습니다(갈 1:10). 현대교회는 사람들에게 좋게 하는 것을 하나님께서도 좋아하신다고 강변합니다. 이제 눈을 떠야 합니다. 사람들이 싫어해도 하나님께서 기뻐하시면 그리 해야 합니다. 올바른 분별력을 가지고 교회의 사명을 실천합시다.

　라오디게아라는 단어를 뜯어보면 '백성'을 의미하는 '라오스'와 '뜻' 혹은 '의로움'을 의미하는 '디게아'의 합성어입니다. 즉 '백성들의 옳음' 또는 '백성들의 의견'이라는 말입니다. "백성들의 옳음의 교회"라는 명칭이 시사하는 바는 무엇일까요? 이 말은 하나님이 다스리는 교회가 아니라 사람의 옳음 혹은 사람의 의견이 지배하는 교회가 되어버렸기 때문에 하나님이 보실 때 라오디게아는 그 어떤 교회보다도 가장 영적으로 빈궁하고 열악한 교회라는 것입니다.

　오늘 우리는 라오디게아 도시와 비슷한 풍요의 시대를 살아가고 있습니다. 또 오늘날의 교회도 마치 라오디게아 교회 때와 같은 유사한 모습을 많이 보이고 있습니다. 지금 우리의 모습이 라오디게아 교회의 모습은 아닌지 깊이 고민해 봐야 하겠습니다. 지금 우리 교회가 라오디게아 교회와 비슷하다면 이런 모습에서 어떻게 벗어날 수 있을까요? 그것은 하나님의 음성에 귀를 기울이는 것입니다(계 3:20). 하나님께서 성령이 교회에게 하신 말씀을 우리도 듣게 될 때 라오디게아 교회의 모습에서 벗어날 수 있습니다. 스스로의 기준으로 자신을 옳다고 여기는 인간의 어리석음을 회개하고, 사람의 말이 아닌 거룩하시고 의로우신 예수 그리스도의 음성을 다시 들읍시다.

　교회는 만물 안에서 만물을 충만하게 하시는 하나님 그 자신의 충만함입니다. 교회가 교회다워지면 역사는 새로워지고 우리 민족은 일어나고 이 땅에 하나님의 축복과 부요가 내려오게 될 것입니다. 교회야말로 하나님이 창조하신 모든 창조의 궁극적인 목적이라는 것을 알아야 합니다.

교회가 교회다워지지 못하기 때문에 시대와 역사 속에서 우리는 어두움에 잡혀서 궁핍하게 되고, 비참하게 되고, 가난하게 되는 것입니다. 교회가 인간의 의견이 아닌 말씀하시는 하나님의 음성에 붙잡혀서 일어나게 된다면 다시 한번 이 시대에 새롭게 쓰일 것입니다.

묵상을 위한 질문

❶ 당신의 신앙적 태도 가운데 혹시 타협적인 모습이 있다면 무엇입니까?

❷ 당신은 현대교회가 회복해야 할 가난한 심령이 무엇이라고 생각하십니까?

❸ 당신은 교회의 사명 중 가장 중요하고 우선적인 것이 무엇이라고 생각하십니까?

5
밧모 섬 경험

(요한계시록 1장 9-20절)

지금 온 세상은 코로나19로 인해 극심한 공포 속에서 살고 있습니다. 이 고난의 시기를 살아가는 성도들에게 주님은 말씀을 통해 교훈하시고 위로하십니다. 오늘 말씀이 위로와 격려를 넘어 산 소망이신 예수님을 더욱 붙드는 시간이 되길 바랍니다. 오늘은 요한계시록 1장 9절부터 20절까지 말씀을 가지고 "밧모 섬 경험"이라는 제목으로 함께 말씀을 나누겠습니다.

초대교회 시절, 혹독한 고난을 당하던 사람들이 있었습니다. 바로 로마제국 내에 있던 그리스도인들이었습니다. 로마제국이 전 세계를 지배하게 되었을 때, 각 지역마다 각 지역 신의 고유 신앙이 혼재하던 로마제국의 공통분모는 바로 권력의 상징인 로마황제숭배였습니다. 로마제국이 점령한 각 지역의 식민지 주민들은 그들의 신에 추가해서 로마황제숭배를 받아들였습니다. 로마제국 안의 모든 계층과 지역으로 재빨리 퍼져간 황제숭배는 황제를 "구원자(savior)" 또는 "은인(benefactor)"이라 칭송하며 제의를 바치거나 기도와 찬송을 바쳤고, 특히 갈리규라(AD 37-41), 네로(AD 54-68), 도미티안(AD 81-96) 황제 시절에 극심했습니다.

하지만 유대인과 그리스도인에게는 황제숭배가 우상숭배에 불과했습니다. 한편 로마제국에 있어 황제숭배는 종교적인 의미와 함께 정치적인 의미가 부여되었기 때문에 황제숭배를 거부하는 것은 국가에 반역하는 행위로 여겨졌습니다. 황제숭배의 의례는 로마 식민지 주민들의 충성을 확립하는 도구가 되어 특히 동방의 거주민에게 널리 퍼져갔고 에베소도 그 중심 도시 중 하나였습니다. 도미티안 황제는 유대교와 더불어 그리스도교를 믿는 행위를 국가 전복 범죄로 보았고, 교회를 탄압했으며, 예수님의 제자 요한을 밧모 섬에 귀양을 보내기도 하였습니다. 그 당시 다신론적 세계관과 함께 황제숭배를 당연시 하던 풍토에서 기독교인들이 보인 배타적 유일신 사상과 황제숭배를 극력 저항하는 모습은 국가의 배신자이자 반로마적 정치 집단으로 인식하게 했습니다. 당시 로마의 여러 문서에 의하면 로마제국은 여러 신을 숭배하지 않는 기독교인을 무신론자라고 하고 불경건한 대역죄인으로 처벌해야 한다고 했습니다.

트라야누스 황제에게 보낸 플리니우스의 편지에 보면 세 부류의 기독교인이 등장하는데, 기독교인이라고 고백하는 사람과 과거에는 기독교인이었으나 지금은 아니라고 하는 사람 그리고 과거에도 지금도 전혀 아니라는 사람들이라고 합니다. 이때 심문관이 진짜 기독교인지를 구분하는 방법은 신들을 향한 기도와 노래, 특히 황제 신상에 분향과 포도주로 간구를 올리는지의 여부였다고 합니다. 무엇보다도 황제숭배를 할 경우에는 기독교인이 아닌 결정적 증거로 여겼다고 합니다.

지금으로부터 약 이천 년 전 소아시아의 일곱 교회도 극심한 핍박을 당했습니다. 많은 기독교인들이 황제숭배를 거부하며 끝까지 신앙의 절개를 지키며 순교의 자리로 나아갔습니다. 이런 상황 속에서 요한계시록에 등장하는 일곱 교회를 돌보며 목회하던 예수님의 제자 사도 요한은 그만 로마 병사에게 체포되어 밧모 섬에 유배 되었습니다. 사도 요한은 얼마나 두렵고 얼마나 억울했겠습니까? 그런데 요한은 밧모 섬에서 하나님의 특별한 계시를 보게 되었고, 그 계시의 내용을 기록한 것이 바로 오늘 본문 말씀인 요한계시록입니다. 밧모 섬은 힘들고 어려운 고난의 시기에 하나님의 특별한 은혜를 경험하는 곳입니다. 사도 요한은 극한의 고난 가운데서 자신의 밧모 섬을 경험하였습니다. 우리에게도 우리 각자의 밧모 섬이 있습니다. 고난은 각자의 밧모 섬을 경험하게 합니다. 그렇다면 오늘 본문 말씀이 여러분과 저에게 주는 영적 교훈은 무엇일까요?

1. 밧모 섬은 세상과 단절하는 장소입니다.

9절 말씀을 함께 보겠습니다. "나 요한은 너희 형제요 예수의 환난과 나라와 참음에 동참하는 자라 하나님의 말씀과 예수를 증언하였음으로 말미암아 밧모라 하는 섬에 있었더니" 요한은 일곱 교회의 영적 지도자로서 그들의 신앙을 격려하고 하나님의 말씀을 가르쳤습니다. 그러나 밧모 섬으로 유배를 온 이후에는 더 이상 사랑하는 성도들을 가르칠 수 없었습니다. 더 나아가 사람들에게 복음을 전할 수도 없었습니다. 그에게 밧모 섬은 완전한 고립이요, 감옥이었습니다.

그런데 놀라운 것은 하나님께서 그를 밧모 섬에 보내신 이유가 있었다는 것입니다. 비록 인간적으로 볼 때 불행한 일처럼 보이지만 요한을 통해 행하시는 하나님의 크신 뜻이 숨어 있었습니다. 그것이 무엇이었을까요? 바로 요한계시록을 기록하여 고난 중에 있는 성도들을 위로하고 격려하게 하신 것입니다. 세상과 잠시 단절함으로써 고독 중에 하나님의 말씀을 더 묵상하고, 깊은 침묵 속에서 마음으로 더 진실한 기도를 드리게 된 것입니다.

모세는 40년 동안 애굽으로부터 단절되어 미디안 광야에 있었습니다. 모세는 미디안 광야 시내 산에서 여호와 하나님을 만나서 하나님의 뜻을 발견했습니다. 또 아합 왕에게 나아가 하나님의 심판을 선포했던 엘리야는 하나님의 명령을 따라 그릿 시냇가에 가서 시냇물이 마를 때까지 숨어 지냈습니다. 엘리야는 그릿 시냇가에서 세상과 사람들로부터 단절되어 오직 하나님의 뜻을 더욱 깊이 묵상하고 기도하는 시간을 가졌습니다. 복음 전도자 사도 바울도 예수님을 핍박하던 길에서 벗어나 회심한 후 아라비아에서 삼 년을 머물렀습니다. 그리고 아라비아에서 하나님의 말씀을 묵상하고 기도하면서 하나님의 뜻을 구했습니다.

우리에게도 세상과 단절되어 하나님만을 바라보는 "나의 밧모 섬"이 필요합니다. 주일에 모이는 교회는 세상과 잠시 단절하고 주의 말씀을 묵상하며 기도하는 밧모 섬과 같습니다. 또 아침과 저녁 경건의 시간 역시 나의 밧모 섬일 수 있습니다. 믿음의 선배들은 일 년에 두어 차례씩 기도원에 가거나 삶의 자리에서 격리된 조용한 곳에서 자신만의 밧모 섬을 경험했습니다. 우리에게도 각자의 밧모 섬에서 세상의 모든 것을 잠시 내려놓고 주님과 깊이 교통하는 것이 필요합니다. 어쩌면 코로나로 인한 거리 두기는 각자의 밧모 섬을 경험하게 하시려는 하나님의 섭리인지도 모르겠습니다.

2. 밧모 섬은 성령님께 감동되는 시간입니다.

"주의 날에 내가 성령에 감동되어 내 뒤에서 나는 나팔 소리 같은 큰 음성을 들으니"(10). 요한은 주의 날에 주님이 주시는 놀라운 환상을 보았습니다. 여기에서 주의 날은 무슨 요일일까요? 월요일, 화요일, 수요일, 목요일, 금요일, 토요일, 주일 중 어떤 요일을 말씀하시는 것일까요? 오늘 본문에서 말씀하는 주의 날은 주님께서 부활하신 날 즉 일요일, 주일입니다.

그런데 특별히 성경은 일요일을 주의 날이라고 말씀하셨습니다. 왜 그럴까요? 지금 모든 성도들이 주일에 예배를 드리는 것은 죽음을 이기시고 부활하신 주님을 기념하는 것입니다. 그리고 더 나아가 우리 역시 마지막 날에 주님의 부활에 동참할 것을 믿는 신앙고백이며 표현입니다. 바로 이날에 사도 요한은 밧모 섬에서 성령에 감동되어 예수님의 계시를 보게 되었습니다.

약 20년 전에 있었던 일입니다. 지금 일본 선교사로 사역하는 박희우 목사가 대학 2학년일 때 광주에서 아르바이트를 준비하고 있었습니다. 그때 저는 일이 있어서 대전에 있었습니다. 하루는 기도해야겠다는 강한 부담감이 생겨서 교회로 갔습니다. 교회에서 전심으로 기도하는 중에 성령님께서 주시는 감동을 받았습니다. "지금 희우가 위험하다." 저는 기도를 중단하고 광주에 있던 아내에게 급히 전화를 했습니다. 그리고 희우 형제를 빨리 만나보라고 말했습니다. 희우 형제를 만난 아내는 제게 전화를 했습니다. "아르바이트 자리를 찾고 있는데 '다솜선교회'라는 곳에서 하는 아르바이트라고 하네요. 아침에 30분 성경 공부도 한다고 했어요. 내일부터 일을 시작한다고 했고요."

저는 그 말을 듣는 순간 그 '다솜선교회'는 이단이라고 말했습니다. 그래서 아내에게 희우 형제가 그곳에서 아르바이트를 하면 안 된다는 말을 꼭 전해주라고 부탁했습니다. 이 내용을 들은 희우 형제는 다행히도 아르바이트를 하러 가지 않았습니다. 저는 성령님께서 저의 밧모 섬으로 인도하신 것과 감동을 주셔서 희우 형제가 이단에 접촉하지 못하도록 막아주신 것에 대해 감사기도를 드렸습니다.

우리 역시 사도 요한처럼 나의 밧모 섬에서 주님께 기도할 때, 성령에 감동될 것입니다. 나의 밧모 섬은 새벽예배일 수도 있고, 또 어떤 분에게는 아침 혹은 저녁 개인 경건의 시간일 수도 있습니다. 이 시간을 통해 보혜사 성령님께서 하나님의 말씀과 그분의 뜻을 우리에게 깨닫게 하실 것입니다. 자신만의 밧모 섬에서 하나님의 음성 듣기를 축복합니다.

3. 밧모 섬은 사명을 깨닫는 시간입니다.

"이르되 네가 보는 것을 두루마리에 써서 에베소, 서머나, 버가모, 두아디라, 사데, 빌라델비아, 라오디게아 등 일곱 교회에 보내라 하시기로"(11). 성령에 감동된 사도 요한에게 주님은 일곱 교회에 편지를 쓰도록 하셨습니다. 사도 요한은 주님의 계시를 받기 전까지 일곱 교회를 생각하며 걱정도 하고, 기도도 했을 것입니다. 그런데 밧모 섬에 갇혀 있는 요한이 고난 중에 있는 성도들을 무슨 수로 도울 수 있었겠습니까? 하지만 그때 예수님은 요한이 전혀 생각지도 못한 방법으로 말씀하시고 기록하여 편지를 쓰게 하셨습니다. 바로 그 편지가 요한계시록입니다.

우리 또한 자신의 밧모 섬에서 하나님의 말씀을 묵상하고, 기도할 때, 우리가 전혀 생각지 못했던 일들을 생각나게 하시고 또 행동으로 옮기게 하실 것입니다. 때로는 요한처럼 편지를 쓰게 하실 것이고, 또 어떤 성도가 생각나서 그를 만나거나 문자 메시지를 보내게 하실 것입니다. 또 어떤 형제, 자매에게 선물을 보내게 하실 수도 있습니다. 또 마음을 감동하셔서 이웃과 복음을 위해 헌신하는 주의 종들을 떠올려 주시어 물질로 섬기게도 하실 것입니다. 마치 엘리야에게 떡과 고기를 전달했던 까마귀와 같이 말입니다. 그렇습니다. 우리는 각자의 밧모 섬에서 성령님께서 사명을 깨닫게 하신 것을 주저 없이 담대하게 순종해야 합니다. 그런 자에게 주께서 은혜와 크신 복을 내려주신다는 것을 믿고 나아가야 할 것입니다.

지금 우리는 한 번도 경험하지 못했고, 전혀 예상치 못했던 코로나로 인해 큰 두려움에 처해 있습니다. 그러나 주님은 이 시기를 통해 하나님의 자녀인 우리 각 사람에게 사도 요한과 같이 밧모 섬의 시간을 갖게 하십니다. 나의 밧모 섬은 세상과 단절하는 장소이며, 성령님께 감동되는 시간입니다. 그리고 나의 밧모 섬은 사명을 깨닫는 시간입니다. 사랑하는 성도 여러분! 여러분과 저의 밧모 섬은 전능하신 하나님을 깊이 경험하는 장소입니다. 또 그 시간은 하나님의 뜻을 발견하여 거룩한 사명을 이루는 시간이 됨을 꼭 기억하기 바랍니다. 이런 은혜가 주님을 사랑하는 모든 주의 백성들에게 충만하게 임하시길 예수님의 이름으로 축복합니다. 아멘.

묵상을 위한 질문

❶ 지금 주님께서 당신에게 주신 영적 밧모 섬은 무엇입니까?

❷ 당신은 사도 요한과 같이 전혀 예상하지 못한 고난을 겪었을 때 어떻게 행동합니까?

❸ 지금 성령님께서 당신에게 깨닫게 하시는 특별한 사명은 무엇입니까?

6
룻이 보아스를 만난 복
(룻기 2장 8-16절)

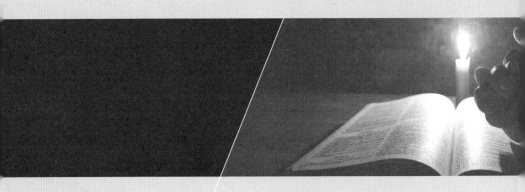

룻기는 베들레헴에 살았던 한 가정의 슬픔과 기쁨을 통하여 그 속에서 일하시는 하나님의 구원 역사를 이야기하고 있는 말씀입니다. 이 가족은 고향인 베들레헴 땅에 흉년이 들자 현실의 장벽인 물질을 따라서 이방 나라인 모압으로 이주했습니다. 모압 땅에 정착하고 아들을 결혼시켜서 며느리 둘과 함께 풍성하게 살아보려는 여느 사람들과 같은 소박한 소망이 있었지만 자기 뜻대로 되지 않았습니다. 나오미의 남편도 죽고, 아들 둘도 다 죽어서 홀로 된 며느리 룻과 함께 다시 고향으로 돌아오는 이야기로 룻기는 시작합니다.

인생의 끝자락에서 영혼의 고향으로 돌아오기만 하면 그때 하나님께서 하나님의 방법을 통해서 다시 재기할 수 있게 만드십니다. 2020년에 일어난 코로나19로 인한 팬데믹 상황 가운데 인생의 끝자락을 마주한 많은 사람이 있습니다. 그러나 룻기를 통하여 볼 때 영적인 고향으로 돌아오기만 하면 하나님께서는 언제든지, 얼마든지 재기할 수 있는 길을 열어주십니다.

룻은 베들레헴으로 돌아와 시어머니 나오미와 먹고살기 위해 이삭을 줍다가 우연히 친족인 보아스의 밭으로 갔습니다. 2장 3절에 "우연히 갔다"는 것은 하나님의 인도하심입니다. 룻은 하나님의 섭리 가운데 보아스를 만나게 되었습니다. 보아스는 이미 룻의 소문을 알고 있었습니다. 11절에 시어머니에게 행한 일과 부모와 고국을 떠나 하나님의 보호를 받으러 온 룻을 알아보고, 그에게 하나님이 온전하게 상주시기를 축복했습니다. 이렇게 룻이 보아스를 만났을 때 놀라운 일이 일어났습니다. '보아스'라는 이름의 의미는 '능력이 있는 사람, 능한 사람'

입니다. 그렇다면 룻은 보아스를 만났을 때 어떤 복을 받았을까요?

1. 인도하심의 복을 받았습니다.

"보아스가 룻에게 이르되 내 딸아 들으라 이삭을 주우러 다른 밭으로 가지 말며 여기서 떠나지 말고"(8). 보아스는 룻을 보고 친절하게 대해 주었습니다. 룻은 사실 베들레헴의 문화도 모르고 언어도 몰랐는데 나오미의 아들과 결혼함으로써 하나님을 알게 되었습니다. "너희 땅의 곡물을 벨 때에 너는 밭 모퉁이까지 다 거두지 말고 너의 떨어진 이삭도 줍지 말며"(레 19:9-10). "네가 밭에서 곡식을 벨 때에 나그네와 고아와 과부를 위하여 남겨두라 그리하면 네 하나님 여호와께서 네 손으로 하는 모든 일에 복을 내리시리라"(신 24:19).

룻은 이 말씀을 알고 있었습니다. 베들레헴에 온 룻은 나오미 집안에 들어가 하나님에 대해 처음 알았을 것입니다. 룻은 하나님의 말씀을 알고, 믿었고, 믿는 대로 따랐습니다. 그래서 하나님의 말씀을 따라서 룻은 이삭을 줍기 위하여 밭으로 갔습니다. 시어머니의 봉양을 위해 '주울 이삭'이 필요했기 때문입니다. 그런 룻을 하나님이 귀하게 보시고 그 수많은 밭 중에서 보아스의 밭으로 인도하신 것입니다.

2. 보호하심의 복을 받았습니다.

룻은 두려움을 가득 안고 밖으로 나왔습니다. 젊은 이방 여인이 다른 나라에서 추수 터에 나가는 것은 보통 어려운 일이 아닙니다. 추수 때가 되면 잔치 분위기입니다. 사람들의 마음이 들떠있고 축제의 분위기를 느낄 수 있는 상황입니다. 이방 여인인 룻이 나타나면 추수꾼들이 악심을 품고 바라볼 수도 있었습니다. 또 어떤 사람들은 룻을 호기심으로 바라보았을 것입니다. 젊은 여인 룻이 처음 추수 터에 가서 일꾼들을 만났을 때에 얼마나 두려웠겠습니까? 두려운 마음을 가지고 추수 터에서 이삭을 주웠습니다.

보아스는 그러한 룻을 향해 따뜻하게 말을 건넸습니다. "보아스가 룻에게 이르되 내 딸아 들으라 이삭을 주우러 다른 밭으로 가지 말며 여기서 떠나지 말고 나의 소녀들과 함께 있으라 그들이 베는 밭을 보고 그들을 따르라 내가 그 소년들에게 명령하여 너를 건드리지 말라 하였느니라 목이 마르거든 그릇에 가서 소년들이 길어 온 것을 마실지니라 하는지라"(8-9).

이스라엘의 추수 시기에는 남자들이 보리나 밀과 같은 곡식을 베면 여자들은 따라가면서 곡식 단을 묶었습니다. 보아스는 나의 소녀들과 함께 있으라고 했습니다. 그리고 룻에게 멀리서 이삭을 줍지 말고 소녀들 있는 데로 오라고 말했습니다. "그들이 베는 밭을 보고 그들을 따르라 내가 그 소년들에게 명령하여 너를 건드리지 말라 하였느니라"(9)라고 말하면서 보아스는 룻을 보호해 주었습니다.

부모들은 자녀를 학교에 보낼 때 두려워합니다. 그 이유는 코로나도 염려스럽고 또한 학교에서 왕따와 학교 폭력 등으로 극단적인 선택을 한 학생들의 소식을 종종 듣기 때문입니다. 학교에서 왕따와 폭력 때

문에 스스로 목숨을 끊는 것을 보면서 부모들은 자녀들을 등교시킬 때
정말 걱정이 많습니다. 그래서 부모는 자녀를 위해 기도해야 합니다.
룻처럼 하나님이 함께하시도록, 하나님께서 보호해주시도록 기도해야
합니다. "하나님은 우리의 피난처시요 환난 중에 만날 큰 도움이시라
그러므로 땅이 변하든지 산이 흔들려 바다 가운데에 빠지든지 바닷물
이 솟아나고 뛰놀든지 그것이 넘침으로 산이 흔들릴지라도 우리는 두
려워하지 아니하리로다"(시 46:1-3).

3. 양식의 복을 받았습니다.

보아스는 룻에게 "목이 마르거든 그릇에 가서 소년들이 길
어 온 것을 마실지니라"고 말했습니다(9). 이스라엘은 물이 귀합니다.
소년들이 베들레헴의 샘터에서 길어온 물이었습니다. 그런데 보아스
는 그 귀한 물을 룻에게 마시도록 허락했습니다. "룻이 이삭을 주우러
일어날 때에 보아스가 자기 소년들에게 명령하여 이르되 그에게 곡식
단 사이에서 줍게 하고 책망하지 말며 또 그를 위하여 곡식 다발에서
조금씩 뽑아 버려서 그에게 줍게 하고 꾸짖지 말라 하니라"(15-16).
이 얼마나 큰 배려입니까. 멀리 있지 말고, 멀리서 눈치 보지 말고 가까
이 와서 주우라고 했습니다. 곡식 다발에서 조금씩 뽑아 버려서 룻이
줍기 쉽게 하려고 배려했던 것입니다.

하나님은 룻처럼 우리들도 배려해 주십니다. 하나님은 먹을 양식을
주시되 풍성하게 주십니다. "나의 하나님이 그리스도 예수 안에서 영

광 가운데 그 풍성한 대로 너희 모든 쓸 것을 채우시리라"(빌 4:19). 그런데 우리는 마음에 근심이 있습니다. 우리들은 경제적으로 어려울 수 있습니다. 삶이 힘듭니다. 삶이 더 지쳐 갑니다. 무엇을 마실까? 무엇을 먹을까? 어떻게 살아갈까? 염려들이 마음에 자리 잡고 있습니다. 너무나도 많은 염려와 걱정 가운데 살아가고 있습니다. 그러나 하나님은 염려하지 말라고 말씀하십니다. 하나님은 이 모든 것이 우리에게 있어야 할 줄을 아십니다. "무엇을 먹을까 무엇을 마실까 무엇을 입을까 염려하지 말라. 너희는 먼저 하나님의 나라와 하나님의 의를 구하라"(마 6:31-33)고 말씀하십니다. 하나님은 우리의 형편을 잘 아시고 더해주시는 분이십니다.

아무 소망이 없어 보여도 하나님이 더해주신다는 믿음을 가지고 사시길 바랍니다. 하나님께서 때를 따라 먹을 것, 마실 것, 입을 것을 더해주실 것을 믿고 감사하며 사시길 바랍니다. "젊은 사자는 궁핍하여 주릴지라도 여호와를 찾는 자는 모든 좋은 것에 부족함이 없으리로다"(시 34:10). 염려가 있을 때는 하나님의 약속을 붙들고 기도하시기 바랍니다. 반드시 하나님은 여호와를 찾는 자에게 모든 좋은 것으로 부족함이 없게 채워주시는 분이십니다.

4. 위로와 격려의 복을 받았습니다.

"룻이 엎드려 얼굴을 땅에 대고 절하며 그에게 이르되 나는 이방 여인이거늘 당신이 어찌하여 내게 은혜를 베푸시며 나를 돌보시나이까 하니 보아스가 그에게 대답하여 이르되 네 남편이 죽은 후로 네가 시어머니에게 행한 모든 것과 네 부모와 고국을 떠나 전에 알지 못하던 백성에게로 온 일이 내게 분명히 알려졌느니라 룻이 이르되 내 주여 내가 당신께 은혜 입기를 원하나이다 나는 당신의 하녀 중의 하나와도 같지 못하오나 당신이 이 하녀를 위로하시고 마음을 기쁘게 하는 말씀을 하셨나이다 하니라"(10-11, 13).

룻에게 무엇을 먹을까, 무엇을 마실까보다 더 큰 염려는 외로움과 고독이었습니다. 늙은 시어머니를 따라서 이방 땅으로 왔는데, 자기를 알아주는 사람이 없었습니다. 또 젊은 나이에 자기와 이야기할 수 있는 친구도 없었습니다. 대화해 주는 사람도 없는 그에게 찾아온 것은 외로움과 고독이었습니다. 룻이 자기 조국인 모압에 있을 때는 자기를 알아주는 사람과 친구도 있었습니다. 그러나 룻은 어머니를 따라온 낯선 이방 땅에서 너무나 외로웠고 고독했습니다.

현대인들에게 큰 문제는 외로움과 고독입니다. 외로움 속에 갇혀 지내는 분이 너무나 많습니다. 가정이란 울타리에서 서로를 위하여 위로하며 사시길 바랍니다. 한 가정에서 아버지와 어머니가 외롭게 살아가고 있습니다. 부모와 자녀들이 한 지붕 밑에서 외롭다고 합니다. 모두가 다 외롭다고 합니다. 아빠는 엄마의 수고하는 것을, 엄마는 아빠의 수고하는 것을, 자녀들은 부모의 수고하는 것을, 부모는 자녀들이 애쓰고 수고하고 있는 것을 서로 알아주어야 합니다. 룻은 보아스로부터 위로와 격려를 받았습니다. 룻은 자신을 알아주는 보아스를 만났습니다. 룻이 보아스를 만났을 때, 고독은 사라지기 시작했습니다. 외로움

은 녹기 시작했습니다. 우리도 서로가 서로에게 보아스와 같은 존재가
되어주길 바랍니다.

5. 만남의 복과 풍성함의 복을 받았습니다.

이방 여인인 룻이 보아스를 만났습니다. 룻을 만난 보아스
는 자신의 식사자리로 룻을 초청했습니다. "식사할 때에 보아스가 룻
에게 이르되 이리로 와서 떡을 먹으며 네 떡 조각을 초에 찍으라 하므
로 룻이 곡식 베는 자 곁에 앉으니 그가 볶은 곡식을 주매 룻이 배불리
먹고 남았더라"(14). 그리고 보아스는 후일 룻의 기업 무를 자가 되었
습니다.

보아스가 룻의 기업 무를 자가 된 것은 구약성경이 가르치는 고엘 제
도에 의거한 것이었습니다. 고엘 제도란 여러 사정에 의하여 기업으로
주어진 토지를 상실했거나 종으로 팔려가게 되었을 때 대신 값을 지불
하고 원래대로 되돌려놓게 하고 나아가 대를 잇지 못하게 되었을 때
결혼하여 자녀를 낳아 대를 잇게 하는 히브리 제도입니다. 기업 무를
자는 구속주이신 예수 그리스도의 표상입니다. 예수님은 우리의 잃어
버린 기업을 회복시켜주시는 분으로 찾아오셨고, 죄에 팔려가 죄의 종
살이하는 자들을 위하여 예수님이 십자가를 지시고 죗값을 지불함으
로 그들의 죄를 속해주셨으며, 하나님의 자녀가 되게 하셨습니다. 이
것은 기업을 무르는 것과 똑같은 개념임을 알 수 있습니다.

룻은 기업 무르는 법에 의해 보아스를 만나 기업을 무를 수 있었고

땅도 찾았습니다. 더 나아가 이삭을 줍던 여인에서 밭의 주인이 되었습니다. 버려진 여인에서 선택받은 여인이 되었습니다. 룻은 다윗 왕의 할머니가 되었고 예수님이 오시는 계보의 통로가 되었습니다.

룻은 기업을 무를 수 있는 보아스를 만난 것이 축복이 되었습니다. 이렇듯 인생의 흉년기에 자신을 일으켜 줄 기업을 무를 자를 만나는 것이 중요합니다. 팬데믹 상황에서 우리들이 잃어버렸던 기업을 무를 수 있는 분은 바로 예수 그리스도입니다. 인생이 역전된 룻과 같이 절망을 희망으로, 버림받음에서 선택받음으로 인도해 주실 분은 예수 그리스도입니다. 우리 인생의 모든 슬픔, 가난, 상처, 짐, 어두운 사연, 환경 속에서 우리의 허물과 죄악을 예수님이 다 물러가게 해 주셨습니다. 예수님을 만나서 인생이 역전되어 잃어버렸던 모든 기업을 되찾고 축복받는 사람이 됩시다.

보아스가 룻을 식탁에 초대하듯이 예수님께서는 우리를 영적 축복의 자리인 예배의 자리로 초청하고 계십니다. 기업 무를 자가 된 보아스를 만나고 그의 초청으로 풍성한 복을 받은 룻처럼 우리도 예수 그리스도를 만나야 합니다. "예수께서 대답하여 이르시되 이 물을 마시는 자마다 다시 목마르려니와 내가 주는 물을 마시는 자는 영원히 목마르지 아니하리니 내가 주는 물은 그 속에서 영생하도록 솟아나는 샘물이 되리라"(요 4:13-14). 말씀을 듣고 믿을 때 우리의 영혼은 결코 마르지 않을 것입니다. 한 번 마시고 다시 마시는 것이 아닙니다. 예수님은 우리 속에 마르지 않는 샘을 주십니다. 보아스의 밭을 영적으로 볼 때 교회라고 할 수 있습니다. 열심히 약속의 말씀인 이삭을 수확합시다. 그러면 우리들이 생각지도 못했던 하나님의 풍성한 복을 받게 될 것입니다.

묵상을 위한 질문

❶ 팬데믹 상황에서 당신의 인생이 행복하고 풍성하게 되는 것은 궁극적으로 누구 손에 달렸다고 생각하십니까?

❷ 당신도 기업 무를 자이신 예수님을 만난 경험이 있습니까?

❸ 당신에게도 예수님을 믿음으로 말미암아 이루어진 "인생역전"의 경험이 있습니까?

2부

팬데믹 상황에서의 정체성

소진석

박승배

정춘오

신강식

양권순

김계명

7
예배의 승리자다

(창세기 4장 3-8절)

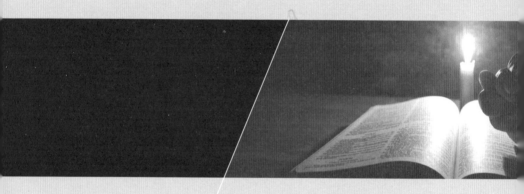

요즈음 교회를 향한 당신의 발걸음은 어떻습니까? 아내 등살에 늦잠도 못자고 힘겹게 나옵니까? 아니면 주일을 사모하고 기다리다 주의 말씀이 그리워 달려갑니까? 팬데믹(코로나19)으로 인한 비대면 시대에 살면서, 코로나 하면 모든 것이 익스큐즈(excuse, 양해)가 되어 버리는 상황 속에서 소위 '가나안' 성도는 더욱더 늘어나고 있습니다. '가나안'을 거꾸로 하면 어떻게 됩니까? 안 나가! 예수님을 만난 것 같은데, 교회 출석은 하지 않는 교인들이 훨씬 더 많아진 겁니다. 예배를 포스트 코로나(post Corona)로 미루려는 상황 속에서 우리 그리스도인들은 예배자로서의 정체성 확인과 이에 대한 인식을 재정립함으로써 포스트 코로나가 아닌 위드 코로나(with Corona) 속에서 승리하는 예배자가 되어야 합니다.

오늘날 참으로 우리에게 필요한 것이 있다면, 그것은 예배의 회복입니다. 모든 그리스도인이 주일예배를 기다리고, 사모하는 예배자로 거듭나야 합니다. 우리 모두 하나님의 영광에 목말라 하며, 하나님의 은혜를 덧입지 않고는 견딜 수 없는 영적인 갈증이 있어야 합니다. 그 목마름, 그 갈증을 주님의 날에 주님의 전에 나아와 하나님의 얼굴을 뵈옵고 그 은혜를 힘입어 그 은혜와 능력으로 승리의 삶을 살아가는 저와 여러분이 다 될 수 있어야 합니다.

오늘 본문 말씀에 보시면, 성경에 나타난 최초의 예배가 기록되어 있습니다. 이 예배를 우리는 원시 예배라고 부릅니다. 본문의 말씀을 통해, 예배자로서의 정체성을 가진 우리 그리스도인들이 예배자로 승리하기 위해 회복해야 할 것이 무엇인지 배울 수 있기를 소원합니다. 자,

그렇다면 이 원시 예배를 통해 어떻게 하면 예배의 승리자가 될 수 있을까요?

1. 예배의 승리자가 되려면 예배가 순교적 사건임을 알아야 합니다.

본문은 인류의 역사가 시작되면서 처음 드려진 예배의 사건이자 동시에 첫 살인 사건입니다. 다시 말하면 첫 살인 사건이 예배와 관련이 있다는 말입니다. 아벨은 예배 때문에 죽임을 당하는 첫 순교자가 됩니다. 인류의 역사 속에 첫 순교자가 예배 때문에 생깁니다. 무언가 의미심장하지 않습니까? 아벨은 예배가 목숨보다 귀하다는 것을 우리에게 보여주었습니다. 아벨은 예배 때문에 목숨을 잃었지만 예배의 모범을 남겼습니다. 그래서 예배는 전쟁입니다. 보이지 않는 영적 전쟁입니다. 우리가 예수님을 만나 하나님의 자녀가 되는 순간, 사탄은 우리를 주적으로 삼고 전쟁을 선포합니다. 우리가 예배에 목숨을 걸어야 할 이유가 여기에 있습니다. 기억하십시오, 예배는 순교적 사건이라는 것을.

기독교 역사 속에 예배가 순교의 역사임을 증명하는 흔적이 여러 군데 남아있습니다. 그중에 대표적인 것이 카타콤입니다. 초대교회 당시 기독교를 핍박하는 로마 정부로부터 예배의 자유를 찾아 그들은 깊고 어두운 토굴 속으로 숨어들어 갔습니다. 그 속에서 평생 빛을 보지 못하고 죽어간 사람들도 많습니다. 로마가 기독교를 탄압할 당시 그들은 공개적으로 예배할 수 없었습니다. 그래서 예배는 비밀리에 모여서 드렸습니다. 성도들의 신앙고백이 "예수 그리스도 하나님의 아들 구세주"인데, 헬라어로 "예수스 크리스토스 세우 휘오스 쏘테르(Iησοῦς Χριστός Θεόυ Υιος Σωτηρ)"입니다. 그 첫 글자를 모으면 '익투스'(IXΘΥΣ)가 되는데 이 단어가 바로 '물고기'입니다. 그들은 바닥에 물고기 모양을 그림으로써 서로의 성도됨을 확인하고 예배 장소를 찾아 비밀스럽게 예배를 드렸습니다. 그러다가 신분이 노출되거나 들켜서 잡히면 심한 고문과 함께 순교의 자리로 나가야 했습니다.

다시 한번 강조합니다. 성경은 예배의 역사가 순교의 역사였음을 밝히고 있습니다. 창조주 하나님은 찬양받으시기에 합당한 분이시며, 피조물인 인간이 존재하는 이유는 하나님의 이름을 높이며 예배하기 위함입니다. 예배는 우리가 평생에 목숨 걸고 지켜야 할 가장 우선적인 것입니다. 꼭 기억해 주십시오, 예배의 역사는 순교의 역사였다는 사실을.

2. 예배의 승리자가 되려면 예배의 성공이 제물에 있지 않고 태도에 있음을 알아야 합니다.

오늘 본문에 보시면 두 사람이 하나님께 제사를 드립니다. 가인은 자신이 농사한 곡식으로 제사를 드렸고 아벨은 자신이 치던 양의 첫 새끼를 잡아 제사를 드렸습니다. 그런데 한 사람 아벨의 예배는 하나님께서 열납하셔서 성공하고 반면에 다른 한 사람 가인의 예배는 실패했습니다. 그 이유가 무엇일까요?

　여기서 우리는 예배의 정의를 생각할 필요가 있습니다. 예배가 뭐죠? 예배란 '하나님의 계시에 대한 인간의 응답'입니다. 중요한 두 단어는 '계시'와 '응답'입니다. 하나님은 전지전능하시고, 거룩한 분이시기에 흠이 없습니다. 따라서 죄인된 우리 인간들의 상태에 따라서 그 예배를 하나님께서 받으실 수도 있고 받지 않으실 수도 있습니다. 그렇다면 하나님께서 어떤 예배를 받으시느냐 하는 것입니다. 어떤 예배라야 성공적인 예배일까요? 예배의 성공은 제물에 있지 않고 태도에 있습니다. 이것을 다른 말로 표현하면 우선순위의 문제라고 말할 수 있고 또한 예배자의 자세, 태도, 상태의 문제라고 말할 수 있습니다.

　인간의 관점에서 본다면 예배의 정신은 드림에 있는데, 드림과 관련하여 제 기억 속에 잊히지 않는 몇 가지 기억들이 있습니다. 제가 소싯적에 저의 어머니께서는 집 앞마당에 텃밭을 가꾸셨습니다. 고추와 상추, 깻잎, 호박, 가지 등을 심어서 가꾸셨습니다. 그리고 거기에서 열매가 맺히면 그중에 가장 예쁘고, 탐스러운 것을 골라 새벽기도 시간에 갖고 가서 목사님 사택에 살짝 드리고 오는 모습을 보았습니다.

　3절과 4절을 잘 보면, 3절에서 가인은 "땅의 소산"으로 제물을 삼았다고 기록하고 있고, 4절에 보면 아벨은 양의 "첫 새끼와 그 기름"으로 드렸다고 말씀하고 있습니다. 여기 '첫'이라는 단어에 주목해야 합니다. 이것은 아벨이 예배에 우선순위를 가지고 있음을 표현해 주는 단어입니다. 그런데 가인에게는 그런 모습이 없었습니다. 사실은 곡식을 드릴 때도 레위기 2장 14절을 보면 첫 이삭으로 소제를 드렸고, 출애굽기 23장 19절을 보면 처음 거둔 열매의 가장 좋은 것을 드렸습니다.

어린 시절 저는 어머니께서 텃밭에 오이나 호박 등이 열리면 가장 먼저 익은 좋은 것을 따서 주일에 강단에 바치기도 하시고 주일을 앞두고 서랍 속에 준비해 놓으셨던 헌금 지폐를 다리미로 다리는 모습을 종종 목격하였습니다. 저는 그 모습을 통해 한 사람의 예배자로서 예배를 준비하는 예배자의 영성을 보면서 자랐습니다. 목사로 섬기고 있는 제게 있어 그때 그 예배를 준비하는 어머님의 마음과 정성, 그 태도가 얼마나 귀한 신앙이고 믿음인지 깊이 깨닫습니다.

다시 본문의 말씀을 보면, 중요한 것 하나가 더 있습니다. 이번에는 4절과 5절을 비교해 봅시다. 4절에서는 "아벨과 그의 제물은 받으셨으나", 5절에서는 '가인과 그의 제물은 받지 아니하신지라'라고 기록되어 있습니다. 여기 '과'라는 단어가 굉장히 중요합니다. 이것은 제물의 내용뿐만 아니라 그 이상으로 제물을 가져온 사람의 자세 곧 태도가 더 중요하다는 사실을 강조하고 있는 것입니다. 하나님께서 예배자에게 먼저 보시는 것은 예배자의 마음과 정성을 다하는 태도입니다. 하나님은 중심을 보시는 분이십니다.

A. W. 토저 목사님은 "하나님께서는 사람을 부르셔서 먼저 예배자로 만드시고, 그 후에 일하는 자로 만드신다."고 했습니다. 그렇습니다. 하나님이 사람을 쓰실 때도 가장 중요하게 보시는 것이 예배하는 자세입니다. 하나님께서 사울 왕을 폐하신 이유는 예배에 대한 잘못된 자세를 가졌기 때문이고 반대로 다윗을 선택하신 까닭은 그가 예배에 대한 올바른 태도를 가졌기 때문입니다. 자세가 그만큼 중요합니다. 이

것이 처음에는 작아 보이고 경미한 것처럼 보이지만 세월이 흘러갈수록 엄청난 차이를 만들어 내는 것이 태도입니다. 속도보다 방향이 훨씬 더 중요하지 않습니까?

요한복음 4장에 보면, 예수님께서 말씀하시기를 하나님은 "참되게 예배하는 자"를 찾으신다고 하셨습니다(요 4:23). 우리는 무엇보다도 먼저 예배자가 되어야 합니다. 하나님이 다윗의 무엇을 보고 "내 마음에 합한 사람"이라고 하셨을까요? 그것은 다윗의 예배하는 마음 때문이었습니다. 다윗은 왕의 직분보다 예배를 더 소중히 여겼습니다. 다윗은 위대한 왕이었지만 다윗의 영향력은 왕으로서의 영향력보다 예배자로서의 영향력이 훨씬 더 컸습니다.

하나님이 주신 축복으로 인해 즐거워하는 것보다 하나님을 즐거워하는 것이 더 중요합니다. 유진 피터슨은 그의 책 「하나님을 경외하는 다윗」에서 다음과 같이 예배자로서의 다윗의 영향력을 기록하고 있습니다. "왕으로서의 그의 임무는 때가 되었을 때 완료되었고, 그의 정치적인 영향력도 끝났다. 그러나 예배를 위해 그가 행한 일은 계속하여 활성화되었다. 그는 자신의 정치력으로 사람들에게 영향을 끼친 것보다 예배 생활을 통해 훨씬 더 많은 사람에게 영향을 끼치고 있다."

3. 예배의 승리자가 되려면 예배를 통해 주시는 복을 알아야 합니다.

하나님의 관심은 우리가 하나님을 기쁘시게 하는 예배자가 되는 것입니다. 또 예배는 우리가 존재하는 가장 중요한 이유이며 목적입니다. 그리고 하나님은 예배를 통해 우리에게 복 주기를 원하십니다. 하나님께서 우리를 예배자로 창조하신 이유는 예배를 통해 우리를 복주시기 위해서입니다. 물론 복을 받기 위하여 예배하는 것은 잘못일 수 있습니다. 하지만 분명한 것은 하나님께서 예배자에게 복을 주신다는 것입니다.

오늘의 본문 창세기 4장 이전의 이야기를 살펴봅시다. 창세기 1장과 2장은 창조의 기사입니다. 창세기 1장이 하나님의 관점에서 기록되었다면, 창세기 2장은 인간의 관점에서 기록된 것입니다. 그리고 이어지는 창세기 3장은 인간의 타락 사건을 기록하고 있습니다. 인간의 타락이 있기 전 창조의 기사인 창세기 1장과 2장은 예배의 목적이 무엇인지 밝혀줍니다. 창세기 2장 2-3절 말씀을 봅시다. "하나님이 그가 하시던 일을 일곱째 날에 마치시니 그가 하시던 모든 일을 그치고 일곱째 날에 안식하시니라 하나님이 그 일곱째 날을 복되게 하사 거룩하게 하셨으니 이는 하나님이 그 창조하시며 만드시던 모든 일을 마치시고 그날에 안식하셨음이더라. 3절에 그 일곱째 날을 '복되게' 하셨다고 했습니다. '복이 된다'는 것은 복을 받고 흘려보낸다는 뜻입니다. 아브라함을 "복의 근원"으로 삼으신 것과 같은 의미입니다. 하나님께서는 창조의 일을 다 마치신 다음 인간으로 하여금 먼저 안식하게 하셨습니다. 하나님의 형상을 따라 지음 받은 인간이 안식일에 쉬면서 무엇을 했을까요? 아마도 하나님의 창조 작품들을 바라보면서 감탄했을 것입니다. 하나님에 대해 감탄하는 것이 바로 찬양입니다.

그런데 하나님은 마지막 날에 쉬셨습니다. 이것을 인간의 관점에서 보면 어떻습니까? 인간에게는 첫날이 바로 안식일이었습니다. 무슨 뜻일까요? 일하기 전에 먼저 쉬라는 것입니다. 쉬는 것도 잘 쉬어야 하는데 쉬면서 하나님을 예배하고, 예배를 통해 하나님이 부어주시는 복을 먼저 받아야 합니다. 그리고 나머지 엿새를 주께서 주신 힘으로 살면서 복 있게 생활하라는 것입니다. 그래서 창조가 완성된 후 하나님께서는 인간에게 안식을 주셨고, 그 안식일을 복되게 하셨습니다. 그 복을 받아 생육하고 번성하라는 것입니다.

복을 받기 전에는 일하지 말라는 의미입니다. 창조주이신 하나님의 사이클과 피조물인 인간의 사이클은 다릅니다. 그런데 자꾸만 피조물인 인간이 하나님처럼 살려고 합니다. 그러시면 안 됩니다. 먼저 복을 받고 그다음 일해야 합니다. 일부터 하지 말고 먼저 안식의 날에 복을 받고 나서 그 이후에 일하라는 것입니다. 안식일에 예배를 통해 복을 받으면 그 나머지 엿새 동안 영향을 끼칩니다. 그래서 모든 날이 다 소중하지만 안식일에 복을 받아 나머지 엿새를 복되게 하는 것입니다.

어떤 분은 "목사님, 안식일은 토요일이잖아요?"라고 질문하실 분이 있을지 모르겠습니다. 기억하십시오. 안식일은 두 종류가 있습니다. 하나는 "창조의 안식"이고, 또 하나는 "구속의 안식"입니다. 구약의 성도들이 지켰던 안식일은 창조의 안식 날로 토요일입니다. 신약의 성도들이 지키는 안식일은 구속의 안식 날로 주일입니다. 안식의 날에 주시는 복은 예배를 통해 옵니다. 그래서 예배는 복을 채우는 시간입니다. 우리는 예배드리는 날에 복을 받아 나머지 엿새를 살아야 합니다. 이 복이 충만하기를 축원합니다.

지구촌교회 음악목사였던 김영표 목사가 작사 작곡한 곡 "우리에게 소원이 하나 있네. 우릴 사용하소서"라는 찬양이 있습니다. "우리에겐 소원이 하나 있네. 주님 다시 오실 그날까지 우리 가슴에 새긴 주의 십자가 사랑 나의 교회를 사랑케 하네. 주의 교회를 향한 우리 마음 희생과 포기와 가난과 고난 하물며 죽음조차 우릴 막을 수 없네. 우리 교회는 이 땅의 희망 교회를 교회 되게 예배를 예배 되게 우릴 사용하소서. 진정한 부흥의 날 오늘 임하도록 우릴 사용하소서. 성령 안에서 예배하리라. 자유의 마음으로, 사랑으로 사역하리라." 아멘!

우리 모두 예배를 통해 복을 받고, 그 복으로 엿새를 복되게 하고, 그 복이 흘러 내 주변의 사람들에게 복의 영향력을 끼치는 예배의 성공자가 됩시다. 그가 진정 하나님이 찾으시고 기뻐하시는 참된 예배자일 것입니다. 비대면 예배 가운데 비록 다른 사람의 얼굴은 못 보더라도 결코 하나님의 얼굴을 못 보는 일은 없어야 합니다. 결코 비대면 예배는 하나님을 만나지 못하는 예배가 아닙니다.

예배란 하나님과 그의 백성들의 만남입니다. 찬송으로 하나님께 영광 돌리고, 신앙고백으로 우리의 죄악을 용서받고, 기도로 우리의 연약을 아뢰고, 주의 종을 통하여 내려주시는 복음의 말씀을 듣고 마음가짐과 각오를 새로이 하며, 하나님이 주시는 복을 가지고 세상으로 나가 빛과 소금의 역할을 하게하고, 각자의 일터에서 소명(召命,

Calling)을 가지고 하나님 나라의 건설을 하는 것입니다.

사랑하는 성도 여러분! 위드 코로나(with Corona) 상황이라 할지라도 승리하는 예배자로서 살아야 합니다. 그리스도인으로서의 정체성 즉 예배자로서의 정체성을 잃어버리지 않고 승리하는 모든 성도님 되시기를 예수님의 이름으로 축복합니다.

묵상을 위한 질문

❶ 예배가 순교적 사건이라는 말의 의미가 무엇이며, 그 말을 당신 자신에게 어떻게 적용할 수 있습니까?

❷ 당신은 "가인의 예배"를 행한 적이 없었습니까? "아벨의 예배"를 드리기 위해 당신에게 필요한 것은 무엇입니까?

❸ 구속의 안식 날(주일)에 예배함으로 나머지 엿새를 복되게 살 수 있다는 말을 어떤 면에서 동의하십니까?

8
진정한 제자다

(마가복음 8장 27-38절)

팬데믹은 우리 시대 최고의 이슈에 머물지 않고 삶의 전 영역에 변화를 초래하고 있습니다. 교회를 향한 세상의 시선이 곱지 못한 가운데 그에 대한 항의의 표시로 몇몇 교회나 목회자들이 목소리를 높이는 일이 왕왕 발생하고 있습니다. 그런데 그러한 반응이나 태도가 의도와 상관없이 우려를 자아내기도 합니다. 분명한 사실은 팬데믹 상황이 하나님께서 허락하지 않으시면 일어나지 않는다는 점입니다.

독일의 신학자 오토(R. Otto)는 그의 저서 「성(聖)스러운 것」에서 거룩하신 하나님을 만난 인간의 반응을 "누미노제"(Numinose)라는 신조어로 설명하였습니다. '아직 명확한 표상을 갖추지 않은 초자연적 존재'를 의미하는 라틴어 누멘(numen)에서 차용하였는데, 피조물인 인간이 전능하시고 거룩하신 하나님을 만났을 때 느끼게 되는 신비로운 두려움에서 우러나는 상반되는 두 가지 감정을 나타내는 말입니다. 하나는 경외심에서 우러나는 두려움이고, 다른 하나는 말할 수 없는 기쁨입니다. 경외심을 불러일으키는 두려운 압도감과 압도적인 권위감과 함께 전율적인 희열감입니다. 절대타자이신 하나님을 만났을 때 인간은 이 두 감정을 동시적으로 느끼면서 자신을 돌아보고 절대자 하나님의 뜻에 순복하게 되는 것입니다. 이 두 가지 감정의 균형이 흐트러질 때 우리의 신앙은 쏠림 현상을 나타냅니다.

가이사랴 빌립보에서 예수님의 참 모습을 알게 된 제자들은 주님께 대하여 "주는 그리스도시요 살아계신 하나님의 아들이십니다"라는 신앙고백을 하게 되었습니다. 그러자 예수님은 자신이 십자가를 지게 되실 것과 부활하실 것을 말씀하시면서, 제자들에게 그들도 십자가를 지고 주님을 따라야 할 것을 가르치셨습니다. 십자가를 지신다는 예수님의 말씀을 가로막으면서 "그러실 수 없다"고 한 베드로의 마음과 "각자의 십자가를 지라"는 예수님의 말씀을 듣던 제자들의 마음에 균형 잡힌 누미노제가 필요했습니다.

지금 코로나 팬데믹 앞에 선 이 시대 기독교의 특징을 한마디로 정의한다면 세속화 현상이라고 하겠습니다. 세속화란 하나님의 말씀인 성경의 진리에 근거하지 않고 세상의 가치체계나 행동양식, 그리고 문화에 영향을 받는 현상을 말합니다. 교회가 문화를 주도하지 못하고 세속 문화에 영향을 받고 있는 것이 우리의 현실입니다. 교회가 성경보다 세상의 것을 따르는 경향이 크다는 우려 속에서, 예수님의 제자로서의 정체성을 잃지 않고 오히려 성숙해가려면 우리에게 요구되는 것이 무엇일까요? 팬데믹 상황에서의 진정한 제자는 어떤 사람일까요?

1. 예수 그리스도를 알아가는 사람입니다.

많은 사람들이 예수님을 헤롯이 높이 평가했던 '침례(세례)요한'(6:14), 또는 종말에 있을 심판과 구원 전에 오기로 되어 있는 '엘리야', 그리고 구약의 '선지자'나 모세가 예언한 대로 종말에 오기로 되어 있던 '그 선지자' 정도로 생각했습니다(27-28). 그런데 놀랍게도 베드로가 "주는 그리스도시니이다"라는 결정적이고 핵심적인 고백을 합니다(30). 이는 예수님은 곧 메시아, 하나님의 기름부음을 받아서 하나님과 그 백성을 대표하여 중차대한 하나님의 과업을 이루실 분이라는 뜻입니다. 즉 오랫동안 이스라엘이 고대해왔던 왕이시라는 고백입니다(사 55:3-5; 겔 34:23-24).

　이에 예수님은 제자들에게 스스로 고난을 받고 죽임을 당할 인자로 드러내시면서 아무에게도 알리지 말도록 경고하셨습니다(30-31). 여기서 예수님과 제자들 간의 미묘하고 심상치 않은 갈등이 엿보입니다(32). 먼저는 베드로가 예수님께 따지듯이 항변을 합니다(32). 이어서 예수님께서도 귀신을 쫓아내는 전문 용어인 "사탄아 물러가라"라고 책망하시면서 적어도 이 부분의 인식에서는 양자가 상호 공존할 수 없는 대립관계임을 분명히 하셨습니다. 도대체 예수님과 제자들 간에 무슨 일이 생긴 것일까요? 그 정황을 살펴보겠습니다.

　예수님께서 공생애를 마치시려는 과정에서 마침내 고난과 십자가에서의 죽으심을 위하여 예루살렘으로 올라가시는 여정에서 일어난 일입니다. 그 코스는 북쪽 가이사랴 빌립보에서 남쪽 예루살렘에 이르는 여정입니다. 가이사랴 빌립보는 알렉산더 대제가 가이사랴를 정복한 후 재건을 하였고(B.C. 324), 이후 아우구스투스가 헤롯에게 양도한 곳입니다. 그곳은 목축의 신인 '판'(Pan)을 섬기는 신전이 있었고 대리석으로 아름답게 치장한 것으로 유명했습니다. 이후 예수님께서 고난을 받으시고 십자가의 죽음을 위하여 예루살렘으로 올라가시고자 하셨던 그 여정 도중에 있는 곳입니다.

　문명세계와는 동떨어진 갈릴리 출신이 대부분인 제자들은 아마도 가이사랴 빌립보의 도시와 신전을 바라보면서 두 눈이 휘둥그레졌을 것입니다. 이런 지역을 지나시면서 만유의 주요 만왕의 왕이신 예수님께서 제자들에게 질문하십니다. "사람들이 나를 누구라고 하느냐?" 제자들이 이구동성으로 대답을 합니다. "침례(세례)요한, 엘리야, 선지자 중의 하나"라고 말입니다. 그때 예수님께서 재차 질문하십니다. "너희는 나를 누구라 하느냐?" 이에 그 유명한 베드로의 신앙고백이 이어집니다. "주는 그리스도시니이다"(29).

이 부분을 마태복음에서는 "주는 그리스도시요 살아계신 하나님의 아들이시니이다"로 기록하고 있습니다(마 16:16). 베드로는 예수 그리스도가 성경에 예언된 이스라엘의 참된 구원자요, 약속된 메시아라는 것을 깨닫습니다. 또 이스라엘을 억압하는 외부 세력, 즉 로마 제국의 지배로부터 놓임을 받게 하고 진정한 평화를 주실 분으로 인식합니다. 물론 이러한 신앙고백의 배경에는 메시아로 등극하신 이후에 자신들이 그 왕국에서 누리게 될 반대급부의 영화까지도 계산했을 것입니다. 실제로 그들은 가버나움에 이르는 도중에 서로 "누가 크냐?"라는 문제로 논쟁을 벌이기도 했습니다(눅 9:33).

이 기대감을 완전히 깨뜨리시는 주님의 말씀이 이어집니다. 먼저는 그들의 신앙고백에 근거한 메시아에 대한 이야기를 외부에 유출하지 말 것을 말씀합니다. 그리고 이어서 전혀 예측하지 못했고, 실제로 있어서는 안 될 일, 곧 인자가 받게 될 많은 고난과 자기 백성에게 버림을 당할 것과 함께 죽임을 당할 것(슥 13:7), 이후 사흘 만에 부활하실 것(호 6:1-2)을 말씀합니다. 제자들의 심정을 어떻게 짐작할 수 있을까요? 아마도 놀라고 당황했을 것입니다.

왜냐하면 주님의 소명에 응할 때 이미 그들은 그들의 모든 것을 버리고 따랐는데 아무런 보상이 없다고 하셨기 때문입니다. 사실 베드로는 여전히 고난을 받는 여호와의 종이자 이스라엘의 목자로서의 메시아에 대한 선이해가 부족했습니다. 그래서 그는 기를 쓰고 만류하고 나섭니다. 그런데 예수님께서는 베드로를 향해 '사탄'으로 부르시고 '하나님의 일과 사람의 일'에 대한 몰이해를 책망하십니다.

진정한 주님의 제자가 되려면 선생이신 예수 그리스도에 대한 바른 이해가 필요합니다. 진정한 제자의 정체성은 예수 그리스도의 정체성에 기인하기 때문입니다. 제자들의 그릇된 소망은 예수 그리스도에 대한 잘못된 인식에서 비롯된 것입니다. 왜 현대교회가 세속화로부터 자유롭지 못합니까? 그 이유는 현대교회 성도들 안에 잘못된 인식이 신앙고백의 뿌리로 자리 잡고 있기 때문입니다. 그래서 우리는 우리의 메시아이시며 선생님이 되시는 예수 그리스도에 대해 성경에 기초한 이해를 분명하게 가져야 합니다.

오늘 우리가 신앙생활을 하는 목적이 무엇입니까? 자신의 뜻의 관철과 스스로 추구하는 야망의 성취를 위하여 주님의 제자로 나선 경우는 아닌가 돌아보아야 합니다. 예수 그리스도의 십자가와 부활을 통한 구원이 예수 그리스도의 존재이자 이유이며 목적이라면 제자 된 우리의 존재와 존재 이유, 그리고 삶의 목적 또한 그러해야 할 것입니다. 왜냐하면 제자는 스승의 언행과 삶을 닮아가는 존재가 되어야 하기 때문입니다. 팬데믹 상황에서도 예수 그리스도를 더 깊이 알아가는 은혜가 있기를 축복합니다.

2. 자기 부인과 십자가의 도를 따르는 사람입니다.

예수님께서는 진정한 제자의 도에 대해서 이렇게 말씀하십니다. "누구든지 나를 따라오려거든 자기를 부인하고 자기 십자가를 지고 나를 따를 것"이라고 하십니다(34). 자기 부인이 무엇입니까? 자신의 자존감을 버리거나 자기 비하를 의미하는 것은 결코 아닙니다. 또한 금욕주의자들의 주장처럼 자기 욕구나 어떤 비전이나 꿈을 포기하는 것도 아닙니다. 이는 철저히 자기중심적인 사고와 생각, 그리고 의지를 부인하는 것입니다.

예수님께서는 겟세마네에서 기도하시는 도중에 스스로 마셔야 할 잔, 곧 십자가가 주려는 중압감을 못 이기시고 하나님께 기도하십니다. "아빠 아버지여 아버지께는 모든 것이 가능하오니 이 잔을 내게서 옮기시옵소서. 그러나 나의 원대로 마시옵고 아버지의 원대로 하옵소서"(막 14:36). 즉 성육신하신 그리스도께서는 그 육신과 함께 자신의 뜻과 의지를 분명히 가지셨습니다.

그런데도 그것보다는 하나님의 뜻과 의지의 성취를 원하신 것입니다. 존재의 사유가 가져온 많은 가치체계에 의해서 현대인들은 삶의 방향과 목적, 방식을 결정합니다. 즉 자아실현을 위해서 모든 것을 쏟아 부으려고 합니다. 자신과 가족, 자녀의 꿈과 비전, 그리고 소망을 이루기 위해서 살아갑니다. 버킷 리스트를 만들어 하나씩 실현해보는 것이 행복의 척도와 유행이 되어버린 시대입니다.

그러면 자기 부인은 이런 것을 포기하는 것입니까? 아닙니다. 자기 부인은 바울 서신서에서 알 수 있듯이 '옛사람'에 대한 부인입니다. 즉 하나님을 부인하던 옛 삶, 주님과 무관한 인생의 꿈과 비전, 삶의 목표를 부인하는 것입니다. 자기 부인은 삶의 전 영역에서 자신의 주권을 내려놓고 주님의 통치에 삶을 위임하는 것입니다. 그러므로 예수님의 제자는 하나님의 뜻 가운데에서 하나님의 요구에 응답하는 삶을 살아야 합니다.

예수님처럼 조건 없이 그 결과를 수용함으로써 말씀 속에 계시된 하나님의 뜻에 순종하는 것입니다. 자기의 유익을 포기하는 것은 예수 그리스도와 그의 복음을 위하여 목숨까지도 희생하는 십자가의 삶을 의미하는 것입니다. 십자가의 삶은 그저 고난에 참여하는 정도가 아니라 예수 그리스도의 구속 사역에 참여하는 삶을 말합니다. 자기의 유익이 아닌 예수 그리스도와 복음을 위한 삶을 사는 것입니다. 십자가를 지는 삶은 세속적인 문화나 가치체계의 현실 가운데 놓인 현대 그리스도인들에게는 매우 어려운 요구이기에 주님이 함께 해주심으로만 가능한 일입니다. 팬데믹 상황에서 우리는 주님의 제자로서 내려놓아야 할 것과 자기 부인이 요구되는 것들에 대한 민감한 분별과 순종이 있어야 하겠습니다.

3. 자신의 모든 것을 주님 앞에 내려놓는 사람입니다.

예수님이 가신 길은 그분을 따르는 모든 사람이 가야 할 길입니다. 그 길은 제자들만이 아니라 하나님 나라의 백성이 모두 따라가야 할 길입니다(35). 그 길만이 자신의 생명을 구원하는 길이기 때문입니다(36). 그리고 종말에 자신의 소속이 분명해지는 조건이기 때문입니다(37). 특히 음란한 우리 세대에서 자기를 부인하고 십자가를 지는 삶을 살려고 하면 필연적인 고난과 따돌림이 뒤따르게 마련입니다.

융통성이 없고 타협을 모르며, 외골수적이고 이기적인 집단으로 간주되어 질시와 터부의 대상이 될 수 있고 삶에서 불이익과 손해를 감수해야 합니다. 그러나 그것이 제자의 삶이고 구원받는 삶이기에 마땅히 그 길을 가야 합니다. 그런데 그 길은 예수님께서 인자로서 가신 그분의 사명의 길과 같이 매우 역설적인 것입니다. 물론 예수님이 장차 하나님 우편에서 온 세상을 통치하실 만왕의 왕이시기에 제자들도 마땅히 예수님과 함께 그 영광에 동참할 것입니다. 그러나 지금은 그분이 가신 고난의 길을 함께 해야 합니다.

모든 것을 잃음으로 오히려 얻는 길, 생명을 부인함으로 생명을 얻는 십자가의 역설이자 신비인 주님의 제자도를 지켜내십시오. 제자도는 십자가의 대속의 은혜를 믿음으로 예수 그리스도와 연합이 되었을 때 이해되고 실천될 수 있는 것입니다. 일상에서 예수 그리스도와 하나가 되어 옛사람을 부인하며, 자기의 유익을 내려놓고 예수 그리스도의 부활의 생명을 부여잡고 새사람의 삶을 살아내는 것입니다.

코로나19는 우리 시대 최고의 복병으로 위기이자 기회입니다. 이 시기를 성도의 정체성에 대한 자기 성찰의 기간으로 삼아가십시오. 그러기 위해서 우리는 하늘 보좌를 버리시고 이 땅에 오신 믿음의 주요 우리를 온전하게 하시는 주님에 대한 바른 이해가 필요합니다. 또한 주님께서 걸으신 십자가의 도, 그 길을 함께 걸어야 합니다. 그리고 자기를 부인하며 날마다 제 십자가를 지고 나아갈 때 세상이나 질병조차도 우리를 어찌하지 못할 것입니다. 날마다 죽는 십자가의 도를 통하여 오히려 더욱 많이 영원한 것을 얻게 된다는 사실을 잊지 말고 제자도에 매 순간 새롭게 헌신하시기 바랍니다.

묵상을 위한 질문

❶ 당신은 예수님에 대하여 어떤 신앙고백을 하십니까?

❷ 당신은 팬데믹 상황에서 예수님을 배울 수 있는 어떤 좋은 방안을 가지고 있습니까?

❸ 당신은 팬데믹 상황에서 예수님의 제자로서 내려놓아야 할 것이 무엇이라고 생각하십니까?

9
소금과 빛이다

(마태복음 5장 13-16절)

　어두운 밤길을 환하게 밝혀주는 가로등의 유래에 대해 아십니까? 미국의 정치가였던 벤자민 프랭클린은 집 앞에 선반을 만들고 아름답고 좋은 등을 하나 준비해서 그 위에 올려 두었습니다. 그러자 동네 사람들은 이상하게 생각했습니다. 등불은 집 안에 두어야 하는 것으로 이해했기 때문에, 집 밖에 두는 것은 낭비라고 여겼습니다. 그러나 한 주가 지나고, 한 달이 지나자 사람들은 뭔가 깨닫기 시작했습니다. 집 밖에 등불을 두니까 밤에 지나가는 사람도 넘어지지 않았습니다. 멀리서도 방향을 알 수 있었습니다. 그래서 이것을 좋게 생각한 사람들이 하나 둘씩 집 밖에 등불을 두기 시작했습니다. 길거리가 환하게 되었습니다. 이것이 오늘날 가로등의 시작이었다고 합니다. 가로등은 한 사람이 주변 사람들을 위하여 집 밖에 등불을 둠으로써 생겨나게 된 것입니다. 우리의 삶이 이처럼 주변을 밝게 하는 삶이어야 하지 않겠습니까?

　사람에게 소중한 것이라도 때로는 보잘것없는 것처럼 생각하기도 합니다. 오늘 본문에 언급되는 소금과 빛도 그런 것 가운데 하나입니다. 워낙 흔하기 때문에 사람들은 대수롭지 않게 여기는 경향이 있습니다. 소금을 얼마나 소중하게 여깁니까? 누가 빛을 귀하게 여깁니까? 사람들이 대부분 그냥 스치듯이 생각하고 대수롭지 않게 여기고 흘려버리기 쉬운 것들입니다. 그런데 예수님은 제자들의 존재 가치를 비유적으로 가리켜서 "너희는 세상의 소금이라 너희는 세상의 빛이라"고 말씀하십니다. 소금이 가진 성질과 빛이 가진 성질에 빗대어 우리들이 그러한 존재로 헌신해야 함을 강조하신 것입니다. 소금이 되고 빛이 되는 것은 제자도의 기본으로서 예수님의 제자라면 어떤 상황에서도 변함없이 지키고 보존해야 할 중요한 정체성입니다. 예수님께서 소금과 빛을 통해 우리들에게 기대하며 당부하시는 것은 무엇일까요?

1. 맛을 내는 인생으로 헌신합시다.

주님은 우리들에게 소금과 같은 삶을 사는 일에 헌신할 것을 요청하십니다. 본문 13절에 나오는 단어 가운데 우리로 경각심을 갖게 하는 단어가 3개 나오는데, "쓸데없다", "버려지다", "밟히다"입니다. 이 세 단어만 들어도 우리의 역할이 얼마나 가치가 있고 소중한지를 역설적으로 생각하게 됩니다.

우리가 주님께서 기대하는 것을 잊어버리고 헌신의 삶을 살지 않는다면, 13절에 나오는 말씀처럼 '아무런 쓸모가 없는 인생'이 됩니다. 아무런 쓸모가 없다는 말은 무엇을 의미할까요? "쓸데"라는 말의 헬라어 원어는 "이스퀴오"인데, '유효하다, 어떤 것들을 할 수 있다, 가치를 가지다'는 말입니다. 쓸데가 없다는 말은 아무런 가치가 없고, 유효하지 않다는 말입니다. 즉 살아 있으나 존재의 가치가 무의미한 죽은 존재와 같다는 말입니다.

요즈음 젊은이들은 취업 문제로 머리가 매우 무겁습니다. 취업 준비생을 줄여 취준생이라고 하는데, 저의 딸도 임용 준비를 위한 취준생으로 노량진에 다녀온 적이 있었습니다. 그곳에서 땀을 쏟고 있는 많은 젊은이들을 생각할 때 안쓰러운 마음을 감출 수가 없었습니다. 그런데 만약 젊은이들이 회사에 입사 원서를 내고 면접을 볼 때, "젊은이는 우리 회사에 쓸데가 없습니다."라는 말을 듣는다면 얼마나 절망이 되겠습니까. 반대로 "아, 젊은이는 우리 회사에 쓸데가 많은 인재이니 내일부터 출근하세요."라고 한다면 얼마나 좋겠습니까. 이렇듯 쓸데있는 사람과 쓸데없는 사람의 차이는 천지차이입니다. 우리가 하나님의 나라를 확장하고, 하나님의 뜻을 성취해 가는데 쓸데없는 사람이 되어야 하겠습니까? 아니면 쓸데가 많은 사람이 되어야 하겠습니까?

사랑하는 성도 여러분, 본문 13절에 나오는 "버리워"라는 말을 주목하기 바랍니다. 우리가 무엇인가를 버릴 때, 가치가 있는 것을 버립니까? 아니면 가치가 없는 것을 버립니까? 저는 집안 대청소를 할 때마다 고민에 빠지곤 합니다. 오랜 세월 동안 나와 함께 했던 여러 물건을 정리할 때, 가볍게 버리는 것이 있습니다. 나에게 전혀 유익하지 않거나, 사용하지 않는 것은 쓰레기봉투에 넣어서 가볍게 버립니다. 그러나 어떤 것은 버리자니 아깝고, 쓰자니 별로고, 그런 것은 잠시 보류를 해 둡니다. 언젠가는 버리게 되겠지만 말입니다. 그럴 때 아내가 "여보, 그거 버립시다." 그러면 여러분은 어떻습니까? 저 같은 경우에는, "여보, 조금 아깝지 않아? 조금만 더 두고 봅시다."라고 하면서 챙겨 놓습니다. 청소를 다 마친 후, 쓰레기봉투를 보니 아직도 쓸 만한 것이 눈에 띄면 분명히 그것을 다시 꺼내 보관하는 것이 우리들의 마음이 아닌가 싶습니다.

이 부분을 묵상하다 보면 바울이 생각납니다. 빌립보서 3장에서 바울 사도는 육체를 신뢰할 만하고 자랑할 만한 것들이 많았지만, 예수님을 만나고 보니 예수님이 가장 소중하고 귀해서 그런 것들은 쓰레기처럼 버릴 수 있다고 고백했습니다. 사람은 무엇을 버립니까? 가치가 없다고 느낄 때 버리는 것입니다.

본문 13절에 나타난 "밟힌다"는 말은 우리에게 상관없는 말이 되기를 축복합니다. 이 말은 무서운 말입니다. 헬라어로 "카타파테오"라고 하는데 '모욕적으로 대우를 받다, 멸시를 당한다'는 말입니다. 세상 사람들이 그리스도인들을 향하여 손가락질 하는 것을 말합니다. 천덕꾸러기가 된다는 말입니다. 전에는 교회가 세상을 걱정했는데, 요즈음은 반대로 세상이 교회를 걱정한다는 말이 있습니다. 우리는 밟히는 존재가 아니라 칭찬받고 인정받는 존재가 되어야 하지 않겠습니까?

예수님께서 우리들에게 요구하시는 역할이 무슨 역할입니까? 소금의 역할입니다. 우리에게 주어진 역할을 충성스럽게 감당합시다. 역할이라는 말은 '일정한 자격으로 자신이 하여야 할 맡은 바의 일'이라는 뜻입니다. 흔히 사명을 감당한다고 말하기도 합니다. 우리는 자신에게 주어진 역할을 위해 전적으로 헌신해야 합니다.

예수님은 소금이 갖고 있는 역할과 영향력을 생각하시면서 "너희는 세상의 소금이라"고 말씀하셨습니다. 소금은 고기를 썩지 않도록 저장하는 데 사용합니다. 예수님의 말씀을 듣고 있는 군중의 대부분은 갈릴리 사람들입니다. 잡은 고기를 오랫동안 보관하기 위해 생선에 소금을 치는 법을 잘 아는 어부들이기도 합니다. 갈릴리에서 절인 생선은 로마 제국 전체에서도 유명했습니다.

사랑하는 성도 여러분, 소금은 짠맛을 통해 부패를 방지하는 역할을 하게 됩니다. 소금의 짠맛이 요리를 하는 데 가장 중요한 역할을 하게 되는 것입니다. 평범해 보여도, 지천에 깔려 있어 흔하게 보여도, 사람들에게 주목을 받지 못해도, 맛을 내는 역할, 부패를 방지하는 역할을 주님께서 원하는 것입니다. 너무 잘 되고, 높아지고, 유명해져서 큰일을 하려는 마음을 잠시 내려놓읍시다. 우리의 삶이 너무도 평범해서, 누구하나 눈길을 주지 않아도, 우리의 삶터에서 맛깔스러움을 내는 긍정적인 영향을 끼치는 인생들이 됩시다. 타락하고 부패해 가는 그곳에서 썩어짐을 막아서는 신실한 성도들이 됩시다. 이 일에 아름답게 헌신하여 주님이 기뻐하시는 삶을 살아가기를 축복합니다.

2. 빛을 비추는 인생으로 헌신합시다.

본문 14절에서 예수님은 제자들에게 "너희는 세상의 빛"이라고 말씀을 하셨습니다. 세상의 빛에 대한 구체적인 설명으로 등불에 대한 이야기를 하셨는데, 어두운 밤에 등불을 켠 사람은 그 등불을 등경 위에 두어서 밝게 비치게 한다는 말씀이었습니다. 이 말씀의 핵심은 주님께서 우리를 사용하고 싶다는 말씀입니다. "내가 너를 등불로 사용하고 싶다." 그런 말씀입니다. 꺼진 등불이 아닌 켜진 등불로 우리 한 사람 한 사람을 사용하고 싶어 하십니다. 주님은 우리들을 환하게 켜서 빛나게 함으로 어둠 속에 있던 사람들로 하여금 빛을 보게 하고, 그 빛으로 나와서, 더 이상 어둠 속에서 고생하지 않기를 바라고 계십니다.

예수님께서는 요한복음 8장 12절에서 "나는 세상의 빛이다"라고 하시면서 자신을 빛으로 소개하셨습니다. 깜깜한 밤에 멀리서 비쳐오는 불빛은 생명의 불빛입니다. 암흑으로 가득 찬 우리의 삶에 다가오신 예수님은 그 어두움 속에서 진정한 소망이 무엇인지를 보여주신 분이십니다. 영혼의 어두움을 걷어내고 우리에게 구원의 빛으로, 생명의 빛으로 다가오신 분이 예수님이십니다.

예수님께서는 내가 빛인 것처럼 나를 따르는 너희들도 이 세상 속에서 빛과 같이 살아야 한다고 말씀하십니다. 어두운 세상에 소망을 주는 빛으로, 혼란 속에 생명을 주는 빛으로 살라고 말씀하고 계십니다. 우리 각자는 자신에게 주신 하나님의 은혜를 따라 각기 다른 빛을 비춰야 합니다. 사랑하는 성도 여러분, 우리들이 세상의 빛이라고 할 때 주님은 우리들에게 빛에 대한 의미를 좀 더 넓게 말씀하고 계십니다.

우리들은 보통 빛이라고 하면 한자어 '빛 광'(光)자를 생각하면서 하늘에 빛나는 태양처럼, 달처럼, 별처럼, 그리고 우리가 접하는 전등처럼 환한 빛만 생각합니다. 그런데 빛에는 빛깔의 의미가 내포되어 있습니다. 즉 영어로 컬러(Color)라고 하고, 한자로는 '빛깔 색'(色)이라 합니다. 빛은 빨강, 파랑, 노랑, 초록 등 다양한 색깔을 가지고 있습니다. "너희는 세상의 빛이다"라고 할 때, 주님은 우리들이 가지고 있는 각각의 다양한 색깔에 대해서도 말씀하시는 것입니다. 사람들은 자신의 컬러에 관심이 많습니다. 사람들은 남들에 대하여 겸손하게 인정해 주기보다는 남들과 비교하여 자신이 더 멋지다고 생각하고 자랑합니다. 하지만 예수님은 우리의 빛이 어떤 컬러인지보다는 빛을 내는가, 못 내는가에 대해 관심을 가지실 뿐입니다.

시편 16편에서 주님은 다윗의 고백을 통해 놀랍게 말씀하고 있습니다. "내게 줄로 재어준 구역은 실로 아름다운 곳에 있음이여" 구역이란 빛의 색깔이라고 할 수 있습니다. 로마서에서 바울은 하나님의 은혜대로 우리에게 각각 은사를 주셨다고 말합니다. 우리가 무엇을 얼마나 가졌느냐? 우리가 얼마나 놀라운 지위에 있느냐? 우리가 얼마나 많이 배웠느냐? 거기에 관심을 두지 말아야 합니다.

사랑하는 성도 여러분, 주님은 우리들이 어떤 컬러를 가졌든지 간에 빛을 비추는 인생이 되기를 원하십니다. 램프, 랜턴, 이런 말 잘 알고 계시죠? 이 말의 어원이 바로 '비추다'는 헬라어로 "람포"입니다. 이 말의 뜻은 '비추다, 빛나다, 밝게 하다, 조명하다'라는 뜻입니다. 그리고 비유적으로 '기쁨으로 환한 얼굴'이라는 뜻도 가지고 있습니다. 빛나다는 말이 무엇인지 아시겠습니까? 어떠한 형편 속에서도 우리를 구원하시는 주님을 붙잡고 믿음으로 환하게 미소 지으며 살아가는 그 모습이 빛을 비추는 모습입니다. 예수님이 주시는 평안을 누리면서 고난의 순간에도 기쁨으로 빛나는 그 얼굴이 주변을 비추는 빛이 되는 것입니다.

주님은 계속하여 말씀하십니다. "소금이 맛을 내는 것처럼, 빛이 그 색깔을 환하게 비추는 것처럼 너희들이 그렇게 살아야 한다." 아멘! 주님께서 직접적으로 우리에게 요구하신 것이 바로 착한 행실입니다. 착한 행실을 실천하고 살면 소금이 맛을 내는 것 같고, 빛을 환하게 밝히는 것과 같다고 말씀하고 있습니다. 행실이 무엇입니까? 국어사전은 "일상생활에서 실지로 드러나는 행동이나 몸가짐"이라고 정의합니다. 그렇습니다. 성경에서 말씀하는 착한 행실은 결코 교회 안에서만 행해지는 것이 아닙니다.

우리는 함께 모여 공동체 예배를 드릴 때뿐 아니라 예배를 마치고 돌아간 일상생활에서, 매일의 삶의 터전에서 실제로 겉으로 드러나는 말이나 행동, 우리의 몸가짐 등이 착한 행실로 삶의 모든 영역에서 나타나야 합니다. 그래서 운전 중에, 식사 중에, 손님과 만남 중에, 쉬는 시간에, 대화하는 중에, 먹고 마시고 하는 중에도 우리의 착한 행실은 계속 이어져야 합니다.

지금 우리의 행실은 어떠합니까? 그 행실이 착한 행실입니까, 악한 행실입니까? 별 볼일 없는 행실입니까, 쓸데없는 허무한 행실입니까? 주님은 우리들에게 착한 행실을 요구하십니다. '착한'이라는 말, 참 많이 들어보셨죠? 헬라어 "칼로스"인데, '선한', '좋은', '아름다운', '고상한'이라는 뜻입니다. '조직상 건강한, 적합한, 유용한'이라는 뜻입니다. 그리고 '도덕적으로 선한'이라는 뜻입니다. 소금으로서 맛을 내거나, 빛으로 주변을 밝게 하는 일에는 자기희생과 헌신이 필수적입니다. 소금은 녹을 때 자기의 역할을 감당합니다. 빛을 밝히려면 심지 끝에 불꽃을 피워 타올라야 합니다.

코로나 팬데믹 상황 속에서 모두가 이기적이고 자기중심적으로 변하기 쉬운 때에 우리는 예수님의 제자로서 소금과 빛이 되어야 합니다.

매일 일상생활 속에서 우리 자신을 아낌없이 드리는 녹는 소금과 타오르는 불꽃이 됩시다. 그러한 헌신적 삶의 실천을 통하여 하나님께 영광을 돌리는 성도가 되기를 예수님의 이름으로 축원합니다.

묵상을 위한 질문

❶ 당신에게 환한 빛처럼 긍정적인 영향을 주었던 사람은 누구이며, 그렇게 생각하는 이유는 무엇입니까?

❷ 당신은 주위 사람들에게 소금의 역할을 어떻게 할 수 있다고 생각하십니까?

❸ 당신은 주위 사람들에게 빛의 역할을 어떻게 할 수 있다고 생각하십니까?

10
이웃을 사랑하는 사람이다

(누가복음 10장 25-37절)

코로나 팬데믹 상황은 우리 삶의 여러 국면에 영향을 끼치지만 가장 큰 것이 우리 이웃과의 관계가 아닐까 합니다. 일가친척은 물론 친구들이나 직장 동료들 그리고 같은 동네 사는 이웃들과의 만남과 교류가 소원해지고 꺼려지기까지 하며, 소위 "사회적 거리두기"라는 방역지침에 의하여 그런 현상은 더욱 고착화되고 있는 것 같습니다. 하나님을 사랑하고 네 이웃을 사랑하라는 주님의 명령을 생각하면 기독교적 생활방식의 기본이 거부되고 있는 것 같아 씁쓸합니다.

하지만 "이웃을 네 몸 같이 사랑하라"는 예수님의 가르침은 어떤 상황에서도 변할 수 없습니다. 우리는 하나님께서 말씀하신 이웃 사랑의 실천이 성도의 기본자세가 되어야 한다고 믿습니다. 예수님은 외식하는 바리새인들과 서기관들을 향하여 "너희는 이르되 사람이 아버지에게나 어머니에게나 말하기를 내가 드려 유익하게 할 것이 고르반 곧 하나님께 드림이 되었다고 하기만 하면 그만이라"(막 7:11) 한다고 꾸짖으셨습니다. "코로나 때문에"가 현대판 고르반이 되고 있는 것 같습니다. 모든 핑계와 변명과 무관심을 코로나를 이유로 합리화하려 들기 때문입니다. 이웃 사랑은 코로나 상황에서도 유효합니다. 우리는 이 거룩한 명령을 어떻게 실천할 수 있을까요? 코로나 상황이 아니어도 이웃을 사랑하는 데 종종 실패해 왔던 우리들입니다. 그 사랑이 되지 않는 이유는 무엇일까요? 우리는 어떻게 하면 그리스도의 명령대로 이웃을 사랑할 수 있을까요?

본문의 이야기는 선한 사마리아 사람 이야기로 알려져 있습니다. 강도 만난 한 사람을 제사장도 레위인도 모두 그냥 지나쳤지만 사마리아 사람이 불쌍히 여기고 도와주었습니다. 예수님은 "누가 강도 만난 자의 이웃이 되겠느냐"고 물으셨습니다. 우리는 이 이야기를 통해 진정한 이웃 사랑의 원리를 배워야 합니다. 그렇다면 이웃을 내 몸처럼 사랑하는 길은 무엇일까요?

1. 하나님을 사랑하는 것과 이웃 사랑의 관계를 알아야 합니다.

예수님은 가장 큰 계명이 "마음과 뜻과 목숨을 다해서 하나님을 사랑하는 것"이라고 말씀하셨습니다. 여기서 "마음과 뜻과 목숨을 다하라"는 말은 한마디로 모든 것을 다해서 하나님을 사랑하는 것입니다. 바로 이어지는 두 번째 계명은 "우리 이웃을 사랑하되 우리 자신처럼 사랑하는 것"이라고 하셨습니다. 그리고 이 두 계명 속에 하나님의 모든 계명이 다 포함되어 있다고 말씀하셨습니다.

여기서 우리가 기억해야 할 것은 하나님 사랑과 이웃 사랑 사이의 관계입니다. 이 관계에 있어서 먼저 하나님을 사랑하는 것이 항상 처음이고 근본입니다. 왜냐하면 이웃을 사랑할 수 있는 근원이 우리 자신에게는 없기 때문입니다. 우리가 이웃을 진정으로 사랑하려면 먼저 우리를 향하신 하나님의 사랑을 알아야 합니다. 그리고 또 하나님을 마음 다해 사랑해야 합니다.

요한일서 4장 19절은 "우리가 사랑함은 그가 먼저 우리를 사랑하셨음이라"고 했습니다. 진정한 사랑은 하나님의 사랑에서 흘러나오기 때문에 형제와 이웃을 사랑하는 것보다 먼저 하나님을 사랑하는 것이 앞서야 합니다. 하나님을 사랑하는 것이 형제와 이웃을 사랑하는 근원이 됩니다. 또한 하나님에 대한 사랑이 흘러나와서 비로소 이웃 사랑으로 나타나야 합니다. 하나님을 사랑하지 않고 이웃을 사랑한다고 말하는 것은 잘못이고, 하나님을 사랑한다고 하면서 이웃을 사랑하지 않는다면 그것 역시도 잘못입니다.

마태복음 25장에 보면 예수님께서 마지막 날에 모든 천사들과 함께 다시 오셔서 심판하실 때 양과 염소로 나눈다고 하셨습니다. 양으로 비유되는 무리는 하나님께서 창세로부터 예비하신 하나님의 나라를 상속받는 즐거움을 얻습니다. 반대로 염소로 비유되는 무리는 영원한 불에 들어간다고 하셨습니다. 그런데 양으로 비유되어 천국에 들어갈 무리에 대하여 예수님께서는 "내가 주릴 때에 너희가 먹을 것을 주었고 목마를 때에 마시게 하였고 나그네 되었을 때에 영접하였고 헐벗었을 때에 옷을 입혔고 병들었을 때에 돌보았고 옥에 갇혔을 때에 와서 보았느니라"라고 말씀하셨는데, 그들이 "주여 우리가 어느 때에 주께 하였나이까"라고 묻자 "여기 네 형제 중에서 지극히 작은 자에게 한 것이 곧 내게 한 것이다"라고 말씀하셨습니다(마 25:35-36, 40).

우리는 아주 중요한 사실을 알아야 합니다. 우리를 향하신 하나님의 사랑에 반응할 때 하나님을 향한 사랑이 이웃에 대한 사랑으로 표현되어야 합니다. 여러분이 예수님의 이름으로 이웃을 사랑할 때 여러분은 예수 그리스도를 사랑하는 것입니다. 예수님께서 귀중히 여기시는 이웃을 당신도 귀중하게 여긴다면 바로 그것이 마음과 목숨과 뜻을 다하여 하나님을 사랑하고 존중하는 것입니다. 여러분이 그리스도의 통로가 되어서 이웃의 필요를 채우는 사랑을 하지 않는다면 당신은 예수 그리스도를 진정으로 사랑한다고 할 수 없습니다.

2. 우리가 사랑해야 할 이웃이 누구인지 알아야 합니다.

성경에서 이웃을 사랑하라는 말씀이 중요한 계명인 것을 우리는 너무나 잘 알고 있습니다. 그러나 그 이웃이 어떤 대상을 말하는 것인지 묻는다면 대답을 잘 못합니다. 여기서 말하는 이웃은 누구를 가리키는 것일까요? 우리가 사는 삶의 자리에서 가까운 범위에 있는 사람들을 말하는 것일까요? 아니면 지구상에 있는 모든 사람을 다 사랑하라는 말씀일까요? 성경에서 말하는 이웃은 누구이며 그 이웃을 어떻게 사랑해야 할까요?

내가 사랑해야 할 이웃은 옆에 사는 모든 사람이 아니라 하나님께서 나에게 보내신 사람입니다. 하나님께서 어떤 사람을 우리에게 보내실까요? 여기서 우리가 먼저 생각해야 할 것이 있는데, 예수님을 주님으로 믿고 영접했다는 것은 누구를 사랑해야 할 것인가에 대한 선택권을 이미 포기했다는 것입니다.

보통 인간은 다른 사람을 바라보면서, "이 사람은 참 호감이 가네. 그런데 저 사람은 참 비호감이네."라고 생각합니다. 그러나 우리가 하나님의 진정한 자녀라면 이런 선택의 권리가 없습니다. 우리는 그저 하나님께서 우리에게 보내신 사람을 사랑해야 할 의무가 있을 뿐입니다. 그들이 사랑할 만한 사람이건 아니건 상관없이 그 사람을 사랑하는 것이 하나님을 사랑하는 것입니다.

예수님께 나아와 "내 이웃이 누구입니까?"라고 묻는 율법사의 질문에 예수님은 선한 사마리아 사람 이야기를 통해 진정한 이웃이 누구인지 가르쳐주셨습니다. 한마디로 절실한 필요를 가진 사람이 우리의 이웃이라는 것입니다. 지금 우리 주위에 하나님께서 보여주시고 만나게 하시는, 우리의 도움이 필요한 사람이 바로 우리가 사랑해야 하는 이웃입니다.

3. 이웃 사랑은 감정이 아니라 의지임을 알아야 합니다.

우리의 이웃에 대한 사랑은 감정적 사랑이 아니라 의지적인 사랑입니다. 여러분이 잘 알다시피 헬라어에는 사랑이라는 단어가 세 가지로 표현됩니다. 에로스, 필리아, 아가페입니다. 에로스 사랑은 남녀 간의 열정적인 사랑을 말합니다. 성적인 관계도 여기에 포함됩니다. 이 에로스 사랑 자체가 잘못된 것은 아닙니다. 그런데 이 사랑은 반드시 부부관계 내에서만 이루어져야 합니다. 그리고 두 번째, 필리아 사랑이 있는데, 관계의 질이 강조되는 사랑입니다. 어떤 사람과 함께 있고 싶고, 그 사람에게 특별히 호감을 느끼게 되는 것으로 서로를 아끼고 존중히 여기는 정서가 개입되어 있는 형제애입니다. 그런데 하나님께서 우리에게 원하시는 사랑은 세 번째 사랑인 아가페 사랑입니다.

아가페 사랑은 감정에 근거한 것이 아닙니다. 그것은 순전하고 심사숙고한 의지의 표현입니다. 우리가 감정적으로만 사랑한다면, 우리는 다른 사람들을 좋은 사람과 좋지 못한 사람으로 나누고, 좋은 사람들만 사랑하게 될 것입니다. 아가페의 사랑은 희생적이며 무조건적이고 대가를 바라지 않는 사랑입니다. 다른 사람의 필요에 민감하여 그 필요를 채워주고자 애쓰는 사랑입니다.

아가페 사랑은 상대방이 처한 상황을 알며, 그를 향한 하나님의 뜻을 알기에 그를 불쌍히 여길 뿐 아니라, 그를 억압하고 있는 것을 제거하기 위해 분노에 가까운 하나님의 마음을 갖는 것입니다. 그리고 더 나아가 마음으로 결단하고 그를 위해 기꺼이 어려움이라도 감내하는 것입니다. 이처럼 아가페 사랑은 감정을 초월하는 의지적인 것입니다.

아가페의 사랑은 의지적이기 때문에 대가 지불을 요구합니다. 아가페의 사랑을 실천하다가 지치기도 하고 상처받을 만한 상황이 발생하기도 합니다. 그러므로 우리 자신의 지혜와 열심만이 아니라 반드시 하나님의 사랑에 근거해야만 합니다.

「관계전도」라는 책에서 오스카 탐슨(Oscar Thompson)은 이렇게 말했습니다. "만일 당신이 당신의 이웃을 사랑하지 않는다면 세상 사람들을 그리스도께로 인도한다는 말을 하지 마십시오. 만일 당신이 당신의 배우자나 자녀의 필요를 채워주기 위해 시간을 내지 못한다면 세계에 복음을 증거하는 것에 대해서 언급하지 마십시오. 당신은 하나님의 사랑의 통로가 될 때 하나님의 사랑이 그들에게 전달되게 하시고 치유와 회복과 구원의 역사를 이루게 하실 것입니다." 모든 기독교 사역의 출발이 바로 사랑임을 강조한 말입니다.

시인이신 정연복 목사님의 "사랑을 위한 기도"라는 시 한 편을 소개합니다.

"내가 사랑한 사람이 나를 사랑한 사람보다 많게 하소서. 나를 사랑하는 사람보다 더 깊이 그를 사랑하게 하시고, 나를 사랑하는 사람보다 더 오래 그를 사랑하게 하소서. 나를 사랑하는 사람보다 더 뜨겁게 그를 사랑하게 하시고, 나를 사랑하는 사람보다 더 순결하게 그를 사랑하게 하소서. 어느 날 불현듯 나를 미워하더라도 흔들림 없이 그를 사랑하게 하시고, 어느 날 불현듯 나를 잊어버리더라도 변함없이 그를 그리워하게 하소서. 그리하여 누군가에게 사랑받으며 산 날보다 누군가를 사랑하며 산 날이 더 많게 하소서. 그것이 자신의 영혼과 삶을 참 사랑하는 하나뿐인 길임을 사랑 속에서, 오직 사랑의 힘으로 깨닫게 하소서."

코로나19로 인하여 이웃을 만나기가 쉽지 않습니다. 평소와 사뭇 다른 분위기에서 여러 가지로 마음이 닫히고 이웃에 대해 무관심하기 쉬운 상황입니다. 심지어는 가족과 친지와의 모임도 자제하라고 합니다. 이런 상황에서 우리 모두에게 진정한 사랑이 요구됩니다. 하나님께서 우리를 사랑하신 사랑으로 서로 사랑해야 합니다. 우리가 가족과 교우와 친지와 동료와 이웃을 대할 때 자기 마음대로가 아니라 주님께서 보내주시는 사람의 필요를 채워주는 아가페 사랑으로 사랑을 실천하는 이웃이 되기 바랍니다.

묵상을 위한 질문

❶ 당신이 이웃을 진정으로 사랑할 수 있는 원동력은 무엇이라고 생각하십니까?

❷ 감정적인 사랑과 의지적인 사랑의 차이를 어떻게 설명할 수 있을까요?

❸ 이웃 사랑은 상대방의 필요를 채우는 것이라고 했는데, 지금 당신이 사랑해야 할 이웃은 누구이며, 그 이웃을 어떻게 사랑할 수 있을까요?

11
존재만으로도 아름다운 사람이다
(마태복음 6장 25-34절)

코로나19로 수많은 사람들이 죽음에 대한 두려움과 공포, 그리고 경제적인 압박을 받고 있습니다. 그로 인해 우리 주변에서 기쁨과 소망을 잃어버린 모습을 쉽게 발견하게 됩니다. 교회들마다 대면 예배와 비대면 예배를 드리는 어려움을 겪고 있으며, 앞날에 대한 희망의 끈을 놓고 낙심 가운데 있는 소상공인들이 상가 문을 닫고, 수천의 임대 교회들이 문을 닫는 고통을 겪고 있습니다. 이러한 때에 여러분은 어떻게 버티어 나가고 있습니까?

코로나 이후 좀 더 높아지고, 좀 더 아름다워지려는 열망은 찾아볼 수 없고, 그저 주어진 현실을 하루하루 힘들게 지내는 사람들이 얼마나 많은지 모릅니다. 그러나 믿음의 사람들은 달라야 합니다. 그 이유는 우리의 소망이 땅에 있는 것이 아니기 때문입니다. 자신의 생명과 연관 지어 본다면, 언제 이 세상을 떠날지 모르는 우리에게, 나의 소유가 나의 삶을 빛나게 해주는 것이 결코 아니라는 것을 우리는 알고 있습니다. 진정 우리가 구원받은 하나님의 자녀로서 이 어려운 시기를 보내면서 자신에게 주어진 존재적 값어치만으로도 아름답고 값진 삶이라는 것을 깊이 깨달아야 합니다. 그러면 우리가 어떻게 할 때 존재만으로도 아름다운 삶을 살 수 있을까요?

1. 자신의 고유한 가치를 알아야 합니다.

"그러므로 내가 너희에게 이르노니 목숨을 위하여 무엇을 먹을까 무엇을 마실까 몸을 위하여 무엇을 입을까 염려하지 말라 목숨이 음식보다 의복보다 중하지 아니하며 몸이 의복보다 중하지 아니하냐"(25). 여러분, 생명보다 더 귀한 가치가 있을까요? 우리는 인생의 가치에 대해 깊이 생각해야 합니다.

유명 연예인들이 스스로 목숨을 끊거나, 유명 정치인들이 스스로를 버리듯 잘못된 방법으로 생을 마감하는 일이 빈번하게 발생하고 있습니다. 2020년도 우리나라의 자살률이 10만 명당 27명으로 OECD 1위인 것을 아십니까? 너무 쉽게 목숨을 내던집니다. 이 얼마나 안타까운 일입니까. 왜 이럴까요? 수치심, 소외감, 외로움, 우울증 등등 이런저런 이유로 설명하고 있지만 그 이유는 자신이 얼마나 소중한 존재인지에 대한 인식이 결여되었기 때문입니다.

우리는 자신이 얼마나 소중한 존재인지를 인식한다면 가치 있는 삶을 살 수 있습니다. 기억하십시오. 우리는 결코 시시한 존재가 아닙니다. 예수 그리스도께서 자신의 핏값을 지불하고 우리를 구원해 주셨습니다. 사도행전 20장 28절에 "하나님이 자기 피로 사신 교회", 고린도전서 6장 20절에 "값으로 산 것이 되었으니 그런즉 너희 몸으로 하나님께 영광을 돌리라"는 말씀은 예수님께서 자신의 생명 값을 지불하시고 우리를 속량하심으로 구원하셨다는 말씀입니다. 그 결과 우리는 예수님 때문에 존귀한 존재가 된 것입니다.

내 자신은 이 땅에 딱 한 명밖에 없습니다. 누가 나를 대신해 살아주지 않습니다. 구원받은 하나님의 자녀로서 나답게 살아갑시다. 비교하지 맙시다. 굳이 위장하고 꾸며서 남처럼 살지 말고 나답게 살 때 기쁨이 회복됩니다. 나는 나답게 살 때 가장 아름답습니다. 구원받은 자답게, 믿음의 사람답게 살아가야 합니다. 그래서 우리는 하나님 앞에서 소중한 존재입니다. 예수님께서 말씀하신대로 천하보다 귀한 존재이며, 하나님께서 소중히 여기시는 존재임을 기억하십시오.

2. 하나님께 삶을 맡겨야 합니다.

"또 너희가 어찌 의복을 위하여 염려하느냐 들의 백합화가 어떻게 자라는가 생각하여 보라 수고도 아니하고 길쌈도 아니하느니라 그러나 내가 너희에게 말하노니 솔로몬의 모든 영광으로도 입은 것이 이 꽃 하나만 같지 못하였느니라 오늘 있다가 내일 아궁이에 던져지는 들풀도 하나님이 이렇게 입히시거든 하물며 너희일까보냐 믿음이 작은 자들아"(28-30). 본문의 "들의 백합화를 보라 어떻게 자라는가"라는 것은 원문의 의미를 조금 더 풀어보면 '깊이 생각해 보라'는 뜻입니다(28). 수고하지 않는다. 염려도 하지 않는다. 들풀도 이렇게 하나님께서 입히시거든 하물며 너희야. 그리고 하신 말씀이 "믿음이 작은 자들아"(28-30)입니다. 염려는 걱정으로 해결되지 않습니다. 오직 하나님이 돌보시고 책임지신다는 것을 깊이 생각하고, 염려하지 말라고 말씀하십니다.

금세기 초, 세계의 존경과 사랑을 받던 지휘자 토스카니니는 원래 첼로 연주자였습니다. 하지만 심한 근시로 연주 시간에 제대로 악보를 볼 수가 없었습니다. 그러던 어느 날 악단의 지휘자가 병원에 입원하게 되었습니다. 단원들 중 누군가에게 지휘를 부탁해야 하는 상황에서 악보를 몽땅 외우고 있던 토스카니니가 선발되었고, 그것이 계기가 되어 세계적인 지휘자로서의 새로운 장을 열었습니다. 만약 토스카니니가 시력이 나쁘지 않았다면 유럽의 한 첼로 연주자에 불과했을 것입니다. 시력이 나빠서 악보를 제대로 볼 수 없었기 때문에 그 악보를 외워야 했고, 그것이 계기가 되어서 세계적인 지휘자로 등장하게 되었습니다. 사람이 고통을 당한다는 것은 괴롭고 어려운 일입니다. 그러나 고통은 더 큰 능력을 받을 수 있는 기회가 됩니다. 코로나도 반드시 이겨나갈 수 있는 것입니다. 어려울 때 힘주시는 하나님을 전적으로 의지하여야 합니다.

주님이 먹이신다, 입히신다, 책임져 주신다고 하는 데 문제는 우리가 믿음이 없다는 것입니다. 그래서 30절에 "믿음이 작은 자들아"라고 말씀하신 것입니다. 왜 염려하십니까, 왜 걱정하십니까? 그렇게 고민한다고 무엇이 해결되셨습니까? 머리만 아팠지. 나를 가장 잘 아시고, 내 이름, 내 생각, 내 모든 것을 다 아시는 주님께 나의 삶을 맡긴다면 목자이신 주님께서 친히 가장 선한 길로 인도해 주실 것입니다. 맡기면 평안이 찾아옵니다. 내가 하려고 하기에 문제가 있는 것입니다. 내 삶의 주인이신 주님의 인도하심을 믿고 따르는 신앙의 결단과 주님을 바라보는 초점을 놓치지 않는 신앙자세가 필요합니다.

3. 진정한 삶의 목적을 찾아야 합니다.

"그러므로 염려하여 이르기를 무엇을 먹을까 무엇을 마실까 무엇을 입을까 하지 말라 이는 다 이방인들이 구하는 것이라 너희 하늘 아버지께서 이 모든 것이 너희에게 있어야 할 줄을 아시느니라 그런즉 너희는 먼저 그의 나라와 그의 의를 구하라 그리하면 이 모든 것을 너희에게 더하시리라"(31-33). 32절에 "이는 이방인들이 구하는 것이라"고 말씀합니다. 이 말씀은 즉 믿지 않는 자처럼 먹을 것, 마실 것, 입을 것을 위해 구하지 말라, 아버지께서 다 아신, 그러므로 먼저 그의 나라와 그의 의를 구하라, 그리하면 다 책임지신다는 말씀입니다. 참된 영광이 무엇인지 깊이 생각해 보십시오. 솔로몬의 그 찬란한 영광도 들의 백합화보다 못하다고 합니다. 왜 그럴까요? 솔로몬은 자신의 성취 욕구를 위한 영광을 이루었기 때문입니다. 우리는 하나님의 나라와 의를 위한 영광을 추구해야 합니다. 고린도후서 5장 15절에 "예수께서 모든 사람을 대신하여 죽으심은 살아있는 자들로 하여금 다시는 그들 자신을 위하여 살지 않고 오직 그들을 대신하여 죽었다가 다시 살아나신 예수 그리스도를 위하여 살게 하려 함이라"라고 말씀하셨습니다.

헤밍웨이는 희망차게 살려고 노력했습니다. "태양이 있는 한 내게 희망이 있다." 그는 이렇게 말하면서 희망차게 살려고 했습니다. 하지만 살아보니 그렇게 되지 않았습니다. 자꾸 희망이 줄어들었습니다. 그의 작품 「노인과 바다」에서 그는 자기 가슴을 열어 보입니다. 한 노인이 깊고 넓은 바다에 나가서 모처럼 큰 물고기를 잡았습니다. 물고기가 얼마나 큰지, 배에 끌어올리지도 못하여 뱃전에 밧줄로 묶었습니다. 너무 기뻐서 콧노래를 부르며 돌아오고 있는데 상어 떼가 몰려와 고기를 파먹기 시작했습니다. 막대기로 아무리 막아도 상어 떼를 당할 수가 없어서 나중에는 포기하고 맙니다. 결국 그 큰 고기는 뼈다귀만 남습니다. 노인은 실망하고 기진합니다. 이것이 헤밍웨이 자신의 삶이었습니다. 그리고는 그렇게 희망차게 살고 싶어 하던 그는 자살했습니다.

세상의 많은 사람이 희망차게 살고 싶어 합니다. 그러나 인간에게는 희망이 없습니다. 이 세상에는 그런 길이 없습니다. 오직 그 길은 하나님께만 있습니다. 예수님께만 있습니다. 그리고 하나님의 말씀인 성경에 있습니다. 삶의 목적은 우리의 목숨 값을 지불하고 사신 주님께 물어야 합니다. 너희는 먼저 그의 나라와 그의 의를 구하라. 하나님께 영광을 돌리는 것이 우리 삶의 목적입니다. 세상에서 희망을 찾으려다가 지쳐 죽습니다. 그러나 주님께 소망을 두면 힘이 용솟음칩니다. 그 주님이 우리의 삶을 통해 영광을 받으시기 원하십니다. 그런데 오랜 세월 예수님을 믿었는데, 그 동안 드린 예배 횟수가 얼마나 많은데, 전혀 변하지 않습니다. 여러분! 오늘 드리는 이 예배만 예배가 아닙니다. 우리의 삶이 예배입니다. 삶의 현장에서 예수님의 사람답게 예배자로 살아가야 합니다.

A. J. 크로닌 의사가 쓴 책 중에 「천국의 열쇠」라는 명저가 있습니다. 그와 관련된 한 일화입니다. 어느 날 자기 밑에 있는 간호사가 자기가 지시한 대로 하지 않아서 환자 한 명을 죽게 하였습니다. 크로닌은 병원장에게 탄원서를 썼습니다. "이 간호사는 자격 미달이니 파면하여 주시기를 간청합니다." 간호사는 자기가 잘못한 것을 알았습니

다. 그리고 탄원서가 올라가려고 한다는 것도 알았습니다. 크로닌에게 가서 무릎을 꿇고 빌었습니다. "선생님, 한 번만 기회를 주세요. 한 번 만 용서해 주세요!" 이 말을 듣는 순간 크로닌은 이 말이 곧 자기가 예수님 앞에 가서 해야 할 말이라는 생각이 들었습니다. 그는 속으로 중얼거렸습니다. "그렇다. 사람이 한 번 죽는 것은 정한 것이요 죽은 후에는 심판이 있다. 나도 주님 앞에 가서 이렇게 말해야 할 것이다. '예수님, 한 번만 기회를 주세요. 한 번만 용서하여 주세요.' 사람이 사람을 용서할 수 있는가. 저 간호사를 누가 정죄할 수 있는가. 일부러 그런 것이 아니지 않는가. 어느 간호사가 일부러 사람을 죽이겠는가. 정말 실수요, 정말 모르고 한 것이 아닌가!" 이런 생각을 하면서 크로닌은 일어났습니다. 그리고 탄원서를 들고 간호사 앞에서 찢어 버렸습니다. 그 후 세월이 흘렀습니다. 그 간호사는 영국에서 가장 큰 병원에 간호과장이 되었습니다. 가장 유능한 간호사가 되었습니다.

우리도 주님 앞에 서야 할 날이 있습니다. 그때 주님께서 "무엇을 하다가 왔느냐?"라고 물으신다면 어떻게 대답하시겠습니까? 우리도 주님 앞에서 "한 번만 더 기회를 주세요."라고 할 것인가요? 이미 주님 앞인데. 코로나19로 인한 죽음의 위협마저 우리를 무너뜨릴 수는 없습니다. 반드시 이 고난의 터널은 끝이 날 것입니다. 그 어떤 상황과 바이러스도 우리를 넘어뜨릴 수는 없습니다. 우리 각 사람은 시시한 사람들이 아닙니다. 우리는 예수님의 핏값이 지불된 값비싼 존재입니다. 우리의 죗값을 대신 지불하시고 우리를 구원하신 이유는 우리가 하나님의 나라와 의를 구하는 삶을 살아가는 것이 가장 중요하기 때문입니다.

우리는 이 땅을 떠나 천국 본향으로 돌아갈 자들입니다. 그렇다면 돌아갈 날까지 진정한 삶의 목적을 발견해야 되지 않을까요? 더 이상 염려하지 맙시다. 하나님께 맡깁시다. 그리하면 책임져 주십니다. 믿으시기 바랍니다. 들에 핀 백합꽃이 그 자리에 존재한 것 자체가 사람들에게 향기를 주고 아름다움을 발하는 것처럼, 우리의 삶도 예수 그리스도 안에서 누리는 행복한 삶의 열매가 필요합니다. 이제 구원받은 하나님의 자녀로서 더 이상 인위적이고, 위선적인, 그리고 가식적인 그럴듯한 아름다움을 추구하는 삶을 살기보다는 하나님이 주신 원래적인 영광을 추구하며 복된 하나님의 값어치 있는 존귀한 자녀로 살아갑시다.

묵상을 위한 질문

❶ 당신에게 예수님의 핏값으로 사신 바 되었다는 의미는 무엇입니까?

❷ 당신에게 요즈음 무슨 염려가 있습니까? 그 염려를 주님께 맡길 수 있습니까?

❸ 당신의 진정한 삶의 목적은 무엇입니까?

12
다비다가 답이다
(사도행전 9장 36-43절)

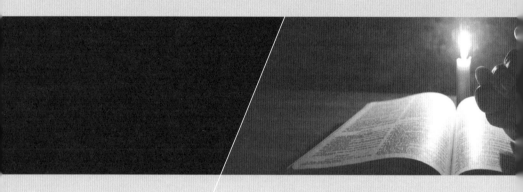

세간에 "아모르 파티"(라틴어: Amor fati)라는 노래가 유행입니다. 연속극 제목으로도 사용되었습니다. 문자적 의미는 "운명애"(運命愛), "운명의 사랑", "운명에 대한 사랑"으로 번역할 수 있습니다. 고통, 상실, 좋고 나쁜 것을 포함하여 자신의 삶에서 발생하는 모든 것이 운명이며 그 운명을 받아들이고 그것을 사랑한다는 것입니다. 이것은 독일의 철학자인 프리드리히 니체(Friedrich Nietzsche)의 사상 가운데 하나로 알려져 있는데, 인간에게 필연적으로 다가오는 운명을 감수하라고 가르칩니다. 그래서 "운명, 순응"이라고도 말합니다. 그런데 과연 그럴까요?

지금 우리는 소위 '코로나 블루'로 불리는 심적 압박과 답답함 그리고 절망감 속에 잠겨 있습니다. 스위스 출신의 미국 정신과 의사 퀴블러-로스(Elisabeth Kübler-Ross)는 사망선고를 받은 대부분의 환자가 "부인(denial)-분노(anger)-흥정(bargaining)-우울(depression)-수용(acceptance)"의 다섯 단계를 거친다고 보고했는데, 영어 첫머리 글자를 따서 "다브다"(DABDA)라고 부르기도 합니다. 지금 우리 사회는 여러 국면에서 다브다의 4단계를 경험하는 것 같습니다.

"다브다"를 생각하며 다비다를 떠올립니다. 당시는 교회를 핍박하던 사울(바울)이 회심하였고, 예루살렘과 온 유대와 갈릴리와 사마리아 지역에 복음이 전파되어 교회가 든든히 서가고 있었습니다. 하나님께서는 베드로를 보내서 룻다에서는 중풍병 걸린 애니아를 낫게 하심으로 복음이 증거 되게 역사하셨습니다. 그런데 룻다로부터 멀지 않은 욥바에서 다비다가 병에 걸려 죽는 일이 발생하였습니다. 중풍병 걸린 애니아와 병에 걸린 다비다 모두 4-5단계를 거치면서 모든 것을 수용할 수밖에 없는 상황에 봉착하였습니다. 그런데 성경은 그들에게 5단계로 끝난 것이 아니라, 그 다음 6단계로서 살아나는 치유(healing)의 단계가 있었음을 증거하고 있습니다.

다비다는 죽음을 넘어 소생함을 통해 많은 사람들로 하여금 주 예수님을 믿게 하는 계기를 제공하였습니다. 지금 우리에게도 다비다가 필요합니다. 모두가 힘들어 하고, 고통을 당하며, 헤어 나오기 어려운 상황 가운데서 살아날 수 있도록 견인차 역할을 한 다비다에게서 발견되는 해답을 찾아보고자 합니다. 하나님께서는 사도행전의 여제자 다비다의 어떤 면을 사용하셨는지를 살펴보면서 다비다를 통해 말씀하시는 답을 살펴보겠습니다.

1. 다비다는 여제자였습니다.

누가는 다비다(Tabitha)에 대해서 자세하게 말해주고 있습니다. 그녀의 헬라어의 이름은 도르가입니다. 그녀는 헬라어 이름도 가지고 있었습니다. 그녀가 헬라파 유대인으로 여겨지는 대목입니다. 그녀는 일가친척도 없이 단신으로 사는 외로운 처지임에도, 다른 사람과 비교할 때 연약함으로 주저앉아 버릴 수 있음에도 그러지 않았습니다. 오히려 뒤로 물러서 있기보다는 일어서 앞장서 나갔습니다. 다비다의 헬라식 이름 도르가가 의미하는 바는 '암사슴'입니다. 그녀는 그의 이름에 걸맞게 품위 있고 우아하며 향기로운 삶을 살았음을 능히 짐작하게 합니다.

사도행전의 기록자 누가는 특별히 다비다를 여제자라고 말했습니다. 여제자란 예수 그리스도를 주님으로 믿고, 예수님의 가르침을 따라 사는 사람을 의미합니다. 예수님은 사도행전 첫머리의 기록대로 "행하시며 가르치신 분"입니다(행 1:1). 다비다는 예수님의 여제자로서 예수님의 가르침을 따라 제자도를 실천하였고, 진정 그리스도의 향기가 되었습니다.

2. 다비다는 다락방을 가지고 있었습니다.

다비다의 집에는 다락방이 있었습니다. 사도행전에서 다락방이 차지하는 의미는 매우 중대합니다. 마가의 다락방은 예수님께서 제자들과 나누신 최후의 만찬 이후 사도행전 초기 예루살렘 교회의 터전이었습니다. 여제자 다비다의 다락방은 욥바에 사는 성도들과 여인들을 위한 매우 의미있는 소중한 장소였을 것입니다. 다락방은 가정교회로 불리기도 하는 초대교회 예수 제자공동체의 보금자리 역할을 했습니다. 성도들은 다락방에 모여 기도하고, 예배하고, 주님의 복음을 나누고, 친교와 봉사를 했습니다.

성전이 예배처소로서의 제 기능을 다했을 때 주님은 다락방으로 그 역할을 이어가게 하셨습니다. 성전은 기도하는 집으로서의 기능도 상실했고, 다락방이 기도처가 되었습니다. 적극적으로 말한다면 욥바에서 다비다의 다락방은 성전의 역할과 기능을 감당하고 있었습니다. 다비다의 다락방은 기도처로서, 친교의 자리로서, 섬김의 자리로서 여인들을 위해, 특히 과부들을 위한 자비로운 위로처가 되었습니다. 다비다가 병들어 죽었을 때 모든 과부가 울면서 도르가와 함께 있었던 때를 생각했습니다. 이 장면은 그들의 만남과 관계와 서로에 대한 친밀도와 상호유대감이 얼마나 깊었는지를 나타내 줍니다.

초대교회는 사도들의 복음전도와 제자들의 희생적 헌신을 통하여 놀랍도록 성장하였습니다. 성경은 '교회'라는 말과 함께 '성도'(the saints)라는 용어를 사용했습니다. '교회'가 믿는 사람들의 '모임'을 강조한다면, '성도'는 하나님이 교회를 세우기 위해서 부르신 '구별된 사람들'이라는 의미에서 더 적극적인 표현입니다. 욥바에서 자신의 한계상황을 뛰어넘어 최선을 다해 동료들을 섬기고 작은 천국을 이루었던 다비다의 모습은 진정 작은 거인(little giant)이었습니다. 다비다의 그러한 모습이 이 시대에도 답이 될 것입니다.

3. 다비다는 사랑과 구제를 실천하였습니다.

다비다는 과부로서 주어진 여건 속에서 최선을 다해 선행과 구제하는 일을 많이 행했습니다. 인간은 누구나 약한 부분, 들키고 싶지 않은 부분이 있습니다. 그리고 그것을 부정적인 요인으로 여기며 체념하거나 긍정적인 방향으로 나가지 않는 핑계로 삼을 때가 있는데, 다비다는 자신의 연약함을 주님의 강함으로 승화하여 풍성한 선행과 구제를 실천하였습니다. 다비다는 사회봉사를 위한 구제사업을 하는 데 자신의 재봉기술을 활용하여 이웃의 필요를 채워주는 일을 많이 했습니다.

코로나 팬데믹 상황을 지내는 우리에게 예수님은 무엇이라 말씀하실까요? 팬데믹 상황은 우리에게 그동안 '모이는 교회'(gathering church)로서 성도의 본분을 다한다고 생각했던 매너리즘에서 벗어나 '흩어지는 교회'(scattering church)가 되어 성도됨의 또 다른 모습을 회복하라고 요청하는 것 같습니다. 다비다가 여제자로서 선행과 구제를 행함으로 많은 사람들에게 선한 영향을 끼쳤던 것처럼, 팬데믹 상황에서 우리의 선행과 구제가 답이 될 수 있음을 알아야 하겠습니다. 모두가 어려워하고 있는 코로나 상황에서 주님의 제자는 구제와 선행으로 이웃을 섬겨야 합니다. 자기 자리에서 자신이 할 수 있는 최선의 것을 활용하여 다른 사람들의 필요를 소박하게 채워주며 섬겼던 다비다의 모습은 선행 실천의 답이 될 것입니다.

4. 다비다는 자신의 죽음까지도 복음의 도구로 사용되는 영광을 얻었습니다.

다비다가 어떤 병에 걸렸는지는 모르나 병에 걸려 세상을 떠났습니다. 모든 사람이 안타깝게 여기면서 베드로를 급히 오도록 간청했습니다. 부활의 주 예수님은 베드로를 통하여 친히 행하시던 대로 치유의 기적을 베푸셨습니다. 베드로가 "다비다야 일어나라"고 명한 것은 마치 예수님께서 "달리다굼" 하시던 장면 그대로입니다. 베드로의 치유 기적을 예수 그리스도의 치유사역과 오버랩 시키는 것은 예수님의 치유 기적을 상기시키고, 부활하신 예수님께서 지금도 살아계셔서 치료자로서 함께 하신다는 사실을 증언하기 위함입니다.

우리 주님은 예루살렘으로부터 멀리 떨어진 변방 마을 욥바에서 죽은 다비다에게 베드로를 보내어 살려주셨습니다. 그 일은 욥바의 모든 사람에게 알려졌습니다. 그리고 많은 사람이 주님을 믿게 되는 놀라운 역사를 일으켰습니다. 다비다의 죽음과 다시 살아남을 통해 이루신 주님의 능력과 사랑의 구원 역사를 찬양합니다.

다비다의 다락방은 기적의 현장이 되었습니다. 다비다와 모든 성도들은 그 장소에서 감격을 맛보았습니다. 이 일은 바로 복음전파의 기폭제가 되었고, 다비다는 천사도 흠모할 만한 영광을 얻게 되었습니다.

다비다의 삶은 오늘을 사는 그리스도인에게도 동일하게 적용됩니다. 무엇보다도 그리스도의 몸 된 교회는 세워지고 성장해야 합니다. 그러기 위해서는 먼저 제자된 성도들의 수고와 헌신이 있어야 합니다. 코로나 상황에서 주변을 둘러보면 욥바의 과부들처럼 도움이 필요한 많은 사람이 있습니다. 끼니를 해결하기 어려운 독거노인이나 저소득층 아이들이 주변에 있는지 한 번 더 살펴보아야겠습니다. 주님의 시선이 그 사람에게 향하고 계심을 기억하면서 복음 전도에 최선을 다해야 합니다.

그리고 제자들은 선한 영향력을 끼칠 수 있는 삶을 살아야 합니다. 제자의 사역은 이웃들의 필요를 채워주는 일입니다. "지금 여러분의 이웃은 누구입니까?"라고 물으면 누구라고 대답할 수 있는지요? 팬데믹 상황에서 가장 두드러진 현상은 '타인에 대한 혐오'라고 할 수 있습니다. 암이나 기타 질병을 겪는 사람을 보면 우리는 누구나 인지상정으로 그 아픔을 겪는 사람에 대해 친절하게 돌보아 주려하고 안쓰럽게 여깁니다. 그런데 팬데믹 상황에서는 누군가를 만나면 코로나 감염자는 아닌지 하는 의심을 먼저 하게 되고, 코로나지침 위반자에 대한 거친 비난을 당연시하고 있습니다.

　사회적 거리 두기를 외치는 상황에서 예수님의 제자는 비록 방역을 위해 물리적 거리 두기는 실천하되 심리적 거리는 더욱 가깝게 당겨야 합니다. 이웃을 위로하고 회복시키는 일에 그리스도인은 앞장서야 합니다. 무엇보다도 이 시국에서 주님의 제자인 우리는 각자의 처소가 '다비다의 선행과 구제가 있는 다락방'이며, '자비로운 위로처'가 되고, 영혼을 구원하고 '상처 입은 이웃들의 피난처'가 될 수 있기를 예수님의 이름으로 기도합니다. 다비다가 답입니다. 아멘!

묵상을 위한 질문

❶ 팬데믹 상황에서 당신에게 가장 힘든 것은 무엇입니까?

❷ 당신은 다른 사람에게 무엇을 나눌 수 있다고 생각합니까?

❸ 당신의 처소를 "다락방"으로 사용하기 위한 가능한 방법은 무엇이라고 생각하십니까?

3부
팬데믹 상황의 극복

이승학

송관섭

고상환

윤양중

이노경

김상백

최호준

주재경

이영찬

13
복음의 황금 사슬을 잡으라

(마가복음 1장 15절)

샬롬! 팬데믹으로 인한 고난의 시기를 살아가는 성도님들께 주님의 평강이 함께하기를 주의 이름으로 축복합니다. 이스라엘의 선지자들은 고난이 오면 광야로 들어갔습니다. 이스라엘의 제사장들도 문제가 찾아왔을 때 성소로 들어갔고, 경건한 왕들은 하나님 앞에 나가 엎드렸습니다. 지금 우리는 포스트모던이라는 진리 해체의 광풍 속에서 설상가상으로 팬데믹으로 인한 일상성의 붕괴 현상을 경험하고 있습니다. 하지만 이런저런 말초적 방법론만 난무하고 근원적인 질문의 기회는 가지지 못하는 것 같습니다. 이것은 마치 문장 안에 주어와 동사와 목적어는 사라지고 부사와 형용사만 있는 것과 유사합니다.

우리는 지금 흑암의 시대를 살아가고 있습니다. 우리는 다시 복음의 불꽃을 바라보아야 합니다. 오직 복음의 황금 사슬을 두른 성도의 정체성을 간직할 때 길을 잃지 않을 수 있을 것입니다. 어두운 밤 밀림 속에서 길을 찾지 못할 때 다른 것은 다 내려놓아도 나침반을 쥔 손에서만큼은 절대 힘을 빼면 안 될 것입니다.

예수님께서 공생애를 시작하시던 그 시절도 지금 우리가 처해 있는 상황과 비슷했습니다. 로마의 폭력 앞에 굴복할 수밖에 없었고, 그들의 과도한 세금과 치리에 신음했고, 거짓 종교와 헛된 철학 사상들은 사람들을 더욱 피폐하게 만들었습니다. 그때 어두움이 짙게 깔린 팔레스틴 땅 갈릴리 변방에서 크게 들려온 외침은 "때가 찼고 하나님의 나라가 가까웠으니 회개하고 복음을 믿으라"는 예수님의 힘찬 메시지였습니다. 이 말씀 속에 우리가 꽉 잡아야 할 복음의 황금 사슬이 들어있습니다. 복음의 황금 사슬은 무엇일까요?

1. 하나님의 때가 찼다는 사실입니다.

성경은 하나님의 때에 대해서 증거합니다. 하나님의 역사는 항상 하나님의 때가 찼을 때 일어납니다. 복음의 역사도 때가 찼을 때 이루어집니다. 예수님은 때가 찼을 때 이 땅에 오셨습니다. 그리고 하나님의 때에 십자가를 지셨고, 부활하셨습니다. 본문은 때가 되어 예수님께서 하나님의 나라가 가까이 왔음을 선포하셨다고 기록하고 있습니다. 지금은 우리가 이 은혜를 받을 때입니다.

인간이 당면하는 모든 일도 실상은 때를 따라 일어나는 것입니다. 우리는 이것을 하나님의 섭리라고 합니다. 팬데믹 상황도 우리가 원해서 일어나지는 않았습니다. 하지만 우리에게 다가왔습니다. 다 때가 되었기 때문입니다. 예수님은 분명히 말씀하셨습니다. "때가 찼고"에서 '때'는 "카이로스"입니다. 이 말은 단순히 흘러가는 시간 개념이 아니라 하나님의 역사가 일어나는 결정적 기회라는 뜻입니다. 예수님께서는 구원의 약속을 성취하시고 그 구원의 복음을 받아들일 수 있는 절호의 기회가 왔음을 선언하신 것입니다.

팬데믹 상황은 하나님의 경륜이라는 시간표 속에 구원의 복음의 역사가 시작되는 하나님의 무대일 수 있습니다. 온 지구촌이 당면한 팬데믹은 온 인류가 함께 복음을 들어야만 하는 때임을 역설적으로 선언합니다. 인류는 하나님의 일하심을 통하여 펼쳐지는 섭리 가운데 제안이나 충고가 아닌 진정한 기쁜 소식인 복음을 듣고 믿어야 합니다.

2. 하나님의 나라를 맞이해야 합니다.

　　예수님께서 선포하신 것은 하나님의 나라였습니다. 하나님의 나라는 이 세상에 속한 나라가 아닙니다. 하나님의 임재와 통치와 은혜와 영광이 온전히 나타나는 곳입니다. 인간이 하나님의 나라를 경험하기 위해서는 하나님께서 인간을 위해 이루신 복음을 듣고, 그 복음에 반응하여 하나님께 올려드려야 하는 신앙고백이 있어야 합니다.

　하나님의 나라는 인간의 노력이나 행위를 통해 들어가는 것이 아닙니다. 오직 하나님의 은혜가 먼저 임해야 합니다. 하나님의 은혜는 하나님의 사랑으로 표현되었습니다. 죄로 인하여 심판과 멸망과 저주를 당하는 인간을 구원하시기 위하여 예수님을 구세주로 보내셨습니다. 예수님은 죄인을 위하여 십자가를 지셨고 대속제물로 죽으시고 부활하심을 통하여 죄 사함의 은혜를 얻게 하셨습니다. 이 구원은 오직 예수님을 믿음으로만 주어지는 하나님의 은혜입니다.

　하나님의 나라를 맞이하는 믿음의 사람들은 이런 질문을 던졌습니다. "하나님의 사랑이 우리에게 어떻게 나타났는가?", "우리가 믿는 예수님은 누구신가?", "믿음은 어떻게 사랑으로 표현되는가?", "믿음의 끝에는 무슨 소망이 있는가?", "성부 하나님은 어떻게 죄인인 인간을 사랑하시는가?", "타락한 인간을 예수님은 어떻게 구원하시는가?", "구원받은 성도는 성령님을 통하여 어떻게 성화되는가?", "구원받은 성도들이 모인 교회는 어떻게 하나님의 나라를 실현할 수 있는가?", "교회는 어떻게 땅 끝까지 복음을 전파하며 하나님의 나라를 선포할 수 있는가?"

성도 개인과 교회는 진지하게 이런 질문들에 답하면서 자신이 처한 곳에 하나님의 나라가 임하도록 헌신해야 합니다. 성경은 우리에게 성경 역사와 인류 역사를 통전적으로 보면서 창조와 타락 그리고 구속과 회복의 관점에서 가로 읽기를 하고, 현재 처한 상황 속에서 하나님의 뜻을 적용하고 실천함으로 하나님의 경륜을 이루고자 하는 세로 읽기를 해야 한다고 가르칩니다. 세로 읽기의 관점에서 현재 우리는 팬데믹의 어려운 상황 가운데 힘들어하고 있습니다. 그러나 가로 읽기의 관점에서 이 상황은 하나님의 나라를 누리는 좋은 기회가 될 것입니다. 그리고 다시 가로 읽기로 소망 중에 하나님의 회복시켜주심을 기대하며, 다시 세로 읽기로 이 땅이 줄 수 없는 진정한 평안(샬롬)을 누리는 하나님 나라를 경험하시기 바랍니다.

3. 회개만이 살길입니다.

그렇다면 우리에게 주시는 하나님의 때는 어떻게 맞이할 수 있을까요? 예수님은 회개만이 살길이라고 하십니다. 우리의 문제를 인간 세상에서 해결하려고 하는 우리의 어리석음에 하나님은 회개하라고 명령하십니다. 모든 인간은 태초 첫 사람 아담에게 있었던 불순종과 자기중심적인 성향을 죄성과 함께 물려받았습니다. 인간이 지닌 이러한 성향은 하나님을 외면하고 거역하는 어리석음, 알량한 지성으로 쌓아 올린 바벨탑 같은 과학의 우상에 사로잡혀 하나님을 대적하는 교만함을 가지고 있습니다. 그리고 하나님 없이 존재하고자 하는 세속주의, 창조주 하나님을 찾아가는 길이 예수님 외에도 많이 있다는 종교 다원주의, 진리는 하나가 아니라는 포스트모더니즘 사상 등의 혼란한 메시지 속에서 우리는 길을 잃어버리게 되었습니다.

그런데 안타까운 것은 잃어버린 그 길을 인간이 스스로 찾을 수 없다는 것입니다. 오직 하나님께서 우리를 찾아주셔야 합니다. 인간의 자력으로는 불가능합니다. 하나님께서는 우리를 부르시고 우리로 응답하게 해주십니다. 우리는 하나님의 부르심을 듣고, 하나님께로 돌이켜야 합니다. 하나님께로 돌이키는 것이 회개입니다. 하나님은 우리를 회개하도록 불러주십니다. 팬데믹은 우리를 구원하시려는 하나님의 부르심입니다. 죄악으로부터 돌이킵시다. 불순종으로부터 돌이킵시다. 하나님 없이 살 수 있다는 교만에서 돌이킵시다. 우리의 살길은 오직 하나, 회개하는 것입니다.

4. 복음을 믿어야 합니다.

하나님께 회개하는 사람은 믿음을 갖습니다. 하나님을 믿습니다. 하나님의 말씀을 믿습니다. 하나님께서 천지만물을 창조하셨음을 믿습니다. 하나님을 등지고 있는 나를 사랑하신다고 믿습니다. 하나님께서 나를 위해 예수님을 보내셨음을 믿습니다. 하나님의 부르심을 믿습니다. 회개만이 살길임을 믿습니다. 예수님을 믿습니다. 예수님의 복음을 믿습니다.

하나님의 복음은 역사 속에서 자기 백성을 구원하시려고 행하신 일입니다. 하나님께서 자기 백성을 구원하시려고 행하신 일을 보십시오. 창세기 첫머리에서부터 창조와 타락과 구원과 회복의 역사가 기록되어 있습니다. 이스라엘 백성이 광야에서 불순종하다가 불 뱀에 물려 죽어갈 때 장대에 높이 들린 놋 뱀을 바라봄으로 살아났듯이 예수님을 믿음으로 바라보면 살 수 있습니다. 예수님은 죄인들을 위하여 십자가에 못 박혀 죽으시고 장사 지낸 바 되셨다가 사흘 만에 부활하셨습니다(고전 15:3-4). 그리고 요한복음 3장 16절에서 분명하게 말씀하셨습니다. "하나님이 세상을 이처럼 사랑하사 독생자를 주셨으니 이는 그를 믿는 자마다 멸망하지 않고 영생을 얻게 하려 하심이라." 이것이 복음입니다. 이 복음을 믿을 때 우리에게 구원의 역사가 능력으로 나타납니다(롬 1:16).

5. 하나님 나라 백성으로 살아야 합니다.

복음을 믿음으로 구원받은 사람을 하나님의 자녀, 하나님의 백성이라고 합니다. 하나님의 나라는 하나님의 자녀가 아버지 하나님의 뜻을 따라 살아감으로 누리는 영적 충만의 상태입니다. 우리는 예수님을 믿음으로 하나님 나라에 들어갔고, 하나님 나라 백성이 되었습니다. 우리는 예수님께서 약속된 메시아로 성육신하시어, 우리 죄를 대속해주셨고, 하나님의 백성이 된 우리를 성숙시켜 주신다는 믿음을 가져야 합니다.

우리에게는 하나님 나라의 백성이라는 새로운 이름이 부여되었습니다. 우리는 하나님 나라의 백성답게 살아야 할 책무가 있습니다. 이것은 율법적인 굴레가 아닙니다. 감사와 기쁨 가운데 성령님의 감동하심 안에서 자원함으로 이루어 가는 축복의 삶입니다. 하나님께 예배하고, 하나님 말씀을 배워 순종하고, 서로 사랑하고, 예수 그리스도의 몸인 교회를 이루고, 예수님을 닮아가는 제자도를 실천하고, 영원한 본향을 향해 인내함으로 순례길을 나아가는 것이 바로 하나님 나라 백성의 본분입니다.

구소련의 우주비행사 유리 가가린(Yuri Gagarin)이 인류 최초로 우주비행을 마친 후, 낙하산을 타고 시베리아의 농촌마을에 떨어졌습니다. 한 농촌 여인이 우주헬멧을 쓰고 주황색 우주복을 입은 이 우주 비행사를 발견하고는 놀라서 물었습니다. "당신 혹시 우주에서 오셨나요?" 가가린이 대답했습니다. "그러고 보니, 우주에서 왔네요." 소련의 지도자들은 유감스럽게도 이 역사적인 사건을 반종교적 선전의 기회로 삼고자, "가가린은 우주에 갔지만 그곳에서 어떤 신도 보지 못했다."라고 선언했습니다.

팬데믹 상황에서 사람들은 말할지 모릅니다. "하나님이 계시냐, 하나님이 계시다면 왜 이런 일이 발생하는가, 왜 교회가 저 모양인가?" C. S. 루이스가 말했듯이 "하나님을 지상에서 찾지 못하는 사람은 우주에서도 그분을 찾지 못할 것입니다." 오스왈드 챔버스(Oswald Chambers)는 이렇게 썼습니다. "본다고 믿는 것은 절대 아니다. 우리는 우리가 믿는 것에 비추어 우리가 보는 것을 해석한다." 팬데믹 상황에서 하나님께서 우리에게 제시해주시는 복음의 황금 사슬을 볼 수 있기 바랍니다.

우리는 회개하고 복음을 믿음으로 풍성한 생명을 누려야 합니다. 예수님께서는 공생애의 시작을 하나님 나라 복음 선포로 시작하셨습니다. 그리고 그 복음전파를 위하여 제자들을 부르시고, 진리를 가르치셨습니다. 권위 있고 신선한 가르침에 모두 놀랐습니다. 복음의 황금 사슬을 증거하셨고, 주님의 제자된 우리에게 부탁하셨습니다. 팬데믹은 우리를 결코 주저앉힐 수 없습니다. 오히려 하나님의 때임을 믿읍시다. 우리는 비록 어려운 상황이지만 영원한 복음의 황금 사슬을 붙잡고 하나님 나라의 백성으로서 하나님 나라를 경험하며 살아갑시다. 그리고 그 하나님 나라 복음을 확신을 가지고 증거합시다.

묵상을 위한 질문

❶ 당신은 팬데믹 상황이 어떤 면에서 하나님의 때라고 생각하십니까?

❷ 당신에게는 회개하고 복음을 믿음으로 하나님의 자녀가 되고 하나님 나라의 백성이 된 신앙고백이 있는지 간증해주시겠습니까?

❸ 당신은 하나님의 나라가 당신 자신과 가정 그리고 교회와 이웃들 속에서 구체적으로 어떻게 이루어진다고 생각하십니까?

14
나는 죽고 예수님으로 살자

(갈라디아서 2장 20절)

코로나19 사태는 전 지구촌의 문제입니다. 백신이 나오고 접종을 하지만 여전히 감염의 문제가 계속되고 있습니다. 확진자가 발생했다는 소식이 남의 이야기가 아닌 우리 이웃의 이야기이고, 사망자가 계속 이어진다는 안타까운 소식도 끊이지 않고 들려오고 있습니다. 장례식장에 가보신 적이 있으시지요. 그곳에는 안타까움과 눈물 그리고 슬픔이 가득합니다. 우리 인간은 누구나 예외 없이 죽음을 두려워합니다. 죽음은 슬픔과 아픔입니다. 장례식장에서 유가족의 울고 있는 모습을 보기만 해도 전해지는 슬픔이 너무나도 강해서 마음이 아파옵니다. 죽음은 두려운 것입니다. 왜 그럴까요?

모든 인간은 죽음을 피할 수 없습니다. 그러나 기독교 신앙은 죽음을 극복합니다. 예수님은 말씀하셨습니다. "내가 진실로 진실로 너희에게 이르노니 내 말을 듣고 또 나 보내신 이를 믿는 자는 영생을 얻었고 심판에 이르지 아니하나니 사망에서 생명으로 옮겼느니라"(요 5:24).

예수님을 믿음으로 죄사함 받고 영생을 얻은 사람은 예수님과 함께 죽고, 예수님과 함께 살아난 성도입니다. 예수님을 믿는다는 것은 자신이 죽었음과 예수님으로 산다는 것을 아는 것입니다. 오늘 본문은 죽음과 삶에 대해서 그리고 기독교 신앙의 본질적인 문제에 대해서 분명하게 말씀하고 있습니다.

1. 모든 인간은 죄인입니다.

성경은 인간이 육체 가운데 사는 존재라고 말합니다. 인간은 육체를 가진 존재입니다. 인간의 육체는 많은 한계를 가지고 있는데 그중에 가장 큰 한계는 영원하지 않다는 것입니다. 육체를 가진 인간은 언젠가 반드시 죽음에 다다르게 됩니다. 인간은 죽음을 두려워합니다. 인간은 왜 죽음을 두려워할까요? 그것은 사람의 영혼이 본능적으로 죽음 이후의 일들을 두려워하기 때문입니다. 하나님의 말씀인 성경은 죽음 너머에 있는 그것이 심판이라고 말합니다. 그리고 심판의 결과는 영원히 멸망 가운데 거하는 것입니다.

왜 사람은 죽음을 피할 수 없고, 죽음 후에는 심판과 영원한 멸망에 이르게 될까요? 그것은 우리가 죄인이기 때문입니다. 성경은 우리가 하나님 앞에 얼마나 더럽고 추악한 죄인인지 말씀하고 있습니다. 성경은 모든 인류가 구제 불능이며 가능성이라고는 단 0.1%도 없는 죄인이라고 말씀합니다. 또 아무리 뜯어고치고 아무리 큰 수술을 해도 그 어떤 변화나 소망도 기대할 수 없는 죄인이기 때문에 죽음 이외에는 해결 방법이 없다고 선언하고 있습니다.

"여호와께서 사람의 악이 세상에 가득한 것과 그 마음에 품는 생각이 항상 악하기만 한 것을 보셨습니다"(창 6:5, 우리말). 하나님께서 세상을 바라보셨는데 사람의 악이 세상에 가득했습니다. 세상뿐만 아니라 사람의 마음속에도 악한 것이 가득했는데 항상 악하기만 했습니다. "죄를 짓지 아니하는 사람은 없습니다"(왕상 8:46, 새번역).

이스라엘의 왕이었던 다윗은 "나는 분명히 죄 가운데 태어났습니다. 내 어머니가 죄 가운데 나를 잉태한 것입니다"(시 51:5, 우리말)라고 고백했습니다. 하지만 사람들은 자신이 깨끗하다고 생각합니다. "사람의 행위가 자기 눈에는 다 깨끗해 보여도 여호와께서는 그 마음을 꿰뚫어 보십니다"(잠 16:2). 어느 누구도 "나는 마음이 깨끗하다. 나는 죄를 말끔히 씻었다"라고 말할 수 없습니다(잠 20:9). 하나님의 눈으로 볼 때 우리 모두는 죄인일 뿐입니다. 모두 다 더러운 죄인입니다.

성경은 죄가 하나님과 사람의 사이를 갈라놓았다고 선언합니다. "오직 너희 죄악이 너희와 너희의 하나님 사이를 갈라놓았고, 너희의 죄 때문에 주님께서 너희에게서 얼굴을 돌리셔서, 너희의 말을 듣지 않으실 뿐이다"(사 59:2, 새번역). 죄인 된 인간은 만물보다 거짓되고 심히 부패한 존재입니다(렘 17:9). 그리고 그 죄는 아무리 노력해도 씻을 길이 없습니다. "네가 잿물로 몸을 씻고, 비누로 아무리 몸을 닦아도, 너의 더러운 죄악은 여전히 내 앞에 남아있다. 나 주 하나님의 말이다"(렘 2:22). 성경은 죄인 된 인간을 향해 선언합니다. "한 번 죽는 것은 사람에게 정하신 것이요 그 후에는 심판이 있으리니"(히 9:27). "불과 유황으로 타는 못에 던져지리니 이것이 둘째 사망이라"(계 21:8).

2. 죄인 된 우리는 예수님과 함께 십자가에 못 박혔습니다.

그런데 오늘 본문은 우리에게 선언합니다. "나는 그리스도와 함께 십자가에 못 박혔습니다." 예수님께서는 십자가에 못 박히셨습니다. 죽을 수밖에 없고, 죽어야 하는 인간을 대신하여 예수님께서 십자가를 지시고 골고다 언덕에서 못 박혀 죽으셨습니다. 예수님을 믿는다는 것은 예수님께서 나를 위해 십자가에 못 박혀 죽으셨고, 나도 예수님과 함께 십자가에 못 박혀 죽었음을 믿는 것입니다. 이것이 바로 복음입니다.

성경은 도저히 고칠 방법이 없어서 죽는 것밖에는 방법이 없는 죄인 된 우리에게 죽으라고 말씀하지 않습니다. 예수님께서 이미 죄인 된 우리와 함께 십자가에서 죽으셨기에, 우리가 할 일은 지난날의 죄를 회개하고 예수님을 믿는 것뿐입니다. 그러면 죄로 말미암아 죽을 수밖에 없는 죄인이 하나님의 은혜로 예수님과 함께 죽고 예수님과 함께 다시 살아난다고 말합니다.

예수님을 몰랐을 때의 나의 삶은 죄밖에 지을 수 없는 너무나도 더럽고 추악한 삶이었고, 예수님이 없는 나의 삶은 죽는 것 이외에는 답이 없었는데, 예수님께서 그런 우리를 위해 십자가에서 죽으셨습니다. 죄로 가득한 우리의 옛 자아가 예수님과 함께 못 박혀 죽었습니다. 이것이 바로 복음입니다.

우리는 예수님을 믿음으로 예수님과 함께 죽고 예수님과 함께 다시 살아난 새로운 피조물입니다. 고린도후서 5장 17절 말씀입니다. "누구든지 그리스도 안에 있으면 그는 새로운 피조물입니다 옛것은 지나갔습니다 보십시오 새것이 되었습니다"(새번역). 하나님께서는 고쳐봐야 완벽할 수 없는 우리를 고치지 않으시고 아예 새로 태어나게 하십니다. 죄밖에 지을 수 없던 우리를 이제는 예수님을 통해 의롭고 선한 삶을 살 수 있는 새로운 피조물로 다시 태어나게 하신 것입니다.

그래서 오늘 본문인 갈라디아서 2장 20절 말씀은 기쁨의 고백입니다. 이 말씀은 전쟁터에 죽으러 나가는 군인이 외치는 두려움의 고백이 아닙니다. 목사나 선교사, 혹은 믿음이 좋은 사람만 하는 고백도 아닙니다. 누구든지 자신이 얼마나 큰 죄인인지 깨닫고 예수님께서 그런 나를 위해 죽으셨다는 사실을 믿는 그 순간 너무 기뻐서 외치는 기쁨의 고백입니다.

3. 우리는 믿음 안에서 살아야 합니다.

그런데 우리 가운데 왜 이런 기쁨이 없을까요? 복음은 너무나도 기뻐서 억누를 수 없는 기쁨의 소식인데, 왜 우리의 마음에는 생수의 강이 흘러넘치는 북받쳐 오르는 그런 기쁨이 없을까요? 예수님을 믿음으로 죄 사함 받고 새 생명을 얻었다고 하면서도 계속 죄를 짓고 있기 때문입니다. 자신이 하나님 앞에 얼마나 추악한 죄인인지 진정으로 깨닫지 못했기 때문입니다. 많은 그리스도인들이 구원받았다고 고백하면서도 여전히 죄를 짓습니다. 죄악 가운데 있는 자신의 모습을 어쩔 수 없다고 말합니다.

그러나 성경은 히브리서 12장 4절에 "여러분이 죄와 싸웠지만 아직 피를 흘릴 정도로 대항하지는 않았습니다(우리말 성경)"라고 말씀합니다. 우리가 죄와 싸우되 목숨을 걸고 싸워야 한다는 것입니다. 저는 목사이지만 사람들 앞에서는 거룩한 척을 하면서 실제 삶에서는 죄악이 가득했습니다. 그런데 아무리 죄와 싸우고 죄를 이기려 해도 이길 수가 없었습니다. 은혜를 받으면 잠시 괜찮아지는 것 같다가 시간이 흐르면 또 다시 죄를 지었습니다. 저는 절망에 빠졌습니다. 차라리 죽는 것이 낫다고 생각했습니다. 저는 계속 죄를 짓는 제 자신이 너무 싫어서 온몸을 부들부들 떨면서 제발 죄를 이기게 해 달라고 간절히 기도했습니다. 그리고 하나님께서는 저의 기도들을 듣고 계셨습니다.

우리가 날마다 회개하면서도 죄를 이기지 못하는 이유는 회개의 방법에 문제가 있기 때문입니다. 우리가 죄를 자백하면 하나님께서는 용서해 주십니다. 그러나 그것만으로는 죄를 이길 수 없습니다. 깨끗해지기는 했지만 또 더러워질 뿐입니다. 우리가 회개한 후에 죄를 이기지 못하는 이유는 회개의 대상인 예수님을 바라보지 않기 때문입니다.

술만 보면 참기가 힘든 사람이 매일 술집에 가면서 술에 대한 유혹을 이기게 해 달라고 하면 되겠습니까? 음란한 것만 보면 죄를 짓는 사람이 계속 음란물을 보면서 죄를 이기게 해 달라고 하면 이길 수 있겠습니까? 돈만 보면 욕심이 나는 사람이 매일 돈을 보고 만지면서 죄를 이기게 해 달라고 하면 이길 수 있겠습니까? 없습니다. 우리가 매일 아무리 회개를 해도 회개의 대상이신 예수님을 바라보지 않으면 죄는 끊어지지 않습니다.

역대하 7장 14절 말씀입니다. "내 이름으로 일컫는 내 백성이 그들의 악한 길에서 떠나 스스로 낮추고 기도하여 내 얼굴을 찾으면 내가 하늘에서 듣고 그들의 죄를 사하고 그들의 땅을 고칠지라." 회개를 하고 스스로 낮추고 기도를 해도 주님의 얼굴을 바라보며 살지 않으면 죄를 이길 수 없습니다. 지은 죄를 바라보며 회개를 했다면, 이제부터는 하나님을 바라보며 믿음으로 살아야 합니다. 그러므로 우리는 죄와 싸워야 합니다. 우리 스스로의 힘으로 죄와 싸우려 하면 이길 수 없습니다. 계속 넘어지고 실패할 것입니다.

기독교 신앙은 내 힘으로 승리하는 종교가 아닙니다. 부활하신 예수님을 믿음으로써 승리하는 복음 신앙입니다. 예수님께서 이미 나의 모든 죄를 지시고 십자가에 죽으셨음을 믿는 것입니다. 나의 더럽고 추악한 과거가 이미 십자가에서 죽었음을 믿는 것입니다. 그러므로 우리는 지금까지의 죄악 된 삶의 길에서 뒤돌아서서 주님만 바라보아야 합니다. 주님만 바라보고 주님께 집중하고 주님께 우리의 모든 생각과 삶을 드리면 자연스럽게 죄가 끊어지게 될 것입니다.

마틴 루터(Martin Luther)가 종교개혁을 할 때 많은 도전이 있었습니다. 사람들이 물었답니다. "당신을 가장 괴롭히는 대적이 무엇입니까?" 그때 루터가 다음과 같은 내용으로 대답했답니다. "나를 가장 괴롭히는 것은 마귀의 조롱입니다. '너는 죄인이 아니냐? 네가 무슨 일을 할 수 있겠느냐? 너는 아무 것도 할 수 없다. 너는 실패하고 말 것이다.' 마귀의 이러한 공격이 가장 견디기 힘듭니다." 루터는 이러한 고백과 함께 독일 민요에 기초하여 찬송가를 지었습니다. 찬송가 585장 "내 주는 강한 성이요"입니다. "옛 원수 마귀는 이때도 힘을 써 모략과 권세로 무기를 삼으니 천하에 누가 당하랴? 내 힘만 의지할 때는 패할 수밖에 없도다. 힘있는 장수 나와서 날 대신하여 싸우네. 이 장수 누군가? 주 예수 그리스도 만군의 주로다. 당할 자 누구랴? 반드시 이기리로다." 아멘!

우리는 예수 그리스도의 십자가와 부활하심을 믿음으로 죄 사함을 받았습니다. 의롭다 함을 얻은 성도는 믿음으로 살아야 합니다. 그 어떤 것도 예수님과 함께 죽고 예수님과 함께 살아난 성도를 두렵게 할 수는 없습니다. 여러분은 무엇이 두려우십니까? 돈, 질병, 바이러스, 죽음입니까? 예수님을 믿는 사람은 예수님과 함께 이미 십자가에서 죽은 사람입니다. 예수님과 같이 다시 살아나 영원한 천국을 누릴 사람들입니다. 예수님의 십자가 복음은 우리의 삶의 모든 문제를 해결하시는 하나님의 능력입니다. 이제는 그동안의 불신앙에서 돌아서서 십자가 복음을 붙드시기 바랍니다.

내가 죽고 내 삶에 예수님께서 사셔야 한다는 말을 두려워하지 마시기 바랍니다. 내가 죽고 내 삶에 예수님께서 사시면 늘 행복합니다. 늘 기쁩니다. 늘 감사합니다. 아무런 걱정도 없고 염려도 없습니다. 주님께서 나의 모든 문제를 해결해 주시기 때문입니다. 죄와 싸우시기 바랍니다. 회개로 자신을 깨끗하게 하고 그 깨끗해진 마음에 예수님을 채우시기 바랍니다. 날마다 매 순간마다 주님을 생각하고 주님을 바라보시기 바랍니다. 그러면 여러분의 삶은 나는 죽고 이제는 예수님만 사시는 놀라운 복음의 능력의 삶이 되실 것입니다.

묵상을 위한 질문

❶ 당신은 히브리서 12장 4절의 말씀과 같이 피 흘리기까지 당신의 죄와 싸우고 있습니까?

❷ 당신은 당신이 죽었다는 갈라디아서 2장 20절 말씀을 기쁨으로 외칠 수 있습니까?

❸ 당신에게 복음의 능력은 어떤 것입니까? 당신은 복음으로 삶의 모든 어려움과 두려움을 이기고 있습니까?

15
믿음으로 인내하자

(데살로니가전서 3장 6-13절)

채드윅 보스맨(Chadwick Boseman)은 2020년 8월 28일에 43세의 나이로 세상을 떠났습니다. 저는 그를 잘 알지 못했습니다. 그냥 할리우드 영화배우였다고 생각했을 뿐입니다. 그는 '블랙 팬서'(Black Panther)라는 슈퍼 히어로를 연기한 배우였습니다. 그런데 그의 죽음을 추모하는 뉴스가 여러 방송사에서 연이어 많이 나왔습니다. 프로야구와 프로 농구를 시작하면서도 그를 추모하는 시간을 가지기도 했습니다. 연예계뿐만 아니라 정치, 스포츠에서도 그를 추모했습니다. 심지어 버락 오바마 전 미국대통령도 "젊고 재능 있는 흑인으로서 그 능력을 아이들이 우러러볼 만한 영웅이 되는 데 사용했고, 그 모든 걸 고통 속에서 해냈다"고 말했습니다. 저는 그가 과연 어떤 사람인지 궁금해서 알아보았습니다.

보스맨은 할리우드 흑인 배우로 4년 전부터 대장암으로 투병을 하며 가까운 지인 몇 명에게 외에는 자신의 투병 사실을 숨긴 채 계속 영화를 찍었다고 합니다. 그가 사망한 후에 채드윅 보스맨이 자신의 죽음을 예견하는 듯 말하는 인터뷰 영상들이 회자되었습니다. 그는 자신처럼 암 투병하는 어린이들을 위로하며 다녔고, 코로나19로 힘든 의료진과 방역혜택을 받지 못하는 흑인과 빈민들을 위해서 사랑의 활동을 펼쳤습니다.

그는 영화배우이기 전에 믿음의 사람이었습니다. 채드윅 보스맨은 "당신을 이끈 것이 무엇이냐?"는 질문에 망설임 없이 "하나님"이라고 답했습니다. 이어서 그는 "하나님을 마주하고, 하나님의 말씀을 듣지 않는다면, 매일 아침 일어날 수도, 앞으로 나아갈 수도 없다"고 고백했습니다. 그는 그렇게 짧고 굵은 인생을 살면서도 하나님을 만날 소망으로 그의 암과 고통을 참으며 살았던 것입니다. 한 유명 배우를 넘어 왜 그리 많은 사람들이 그를 추모하는지가 이해되었습니다. 그는 선한 일에 힘쓰며 주님 만날 소망으로 살았던 것입니다. 우리도 주님 강림하실 때 거룩함에 흠 없이 서기 위해 이 어려운 시기를 인내하는 믿음을 가져야 하겠습니다.

바울은 믿음으로 인내함의 모본을 보여줍니다. 그는 데살로니가 교인들이 너무 보고 싶었습니다. 그는 참다못하여 자기 대신 디모데를 데살로니가 교회에 보냈습니다(1, 5). 사실 디모데도 데살로니가에 가면 위험할 수 있었습니다. 왜냐하면 데살로니가 도시에는 복음 증거를 반대하고 교회를 괴롭히는 '불량한 사람들'이 성도들을 핍박하고 있었기 때문입니다(행 17:5).

그런데 디모데가 데살로니가에 갔다 와서 전해준 소식은 그들이 많은 환난 속에서도 믿음을 굳게 지키고 있고 바울을 보고 싶어 한다는 사랑의 기쁜 소식이었습니다. 그래서 7-8절에 "이러므로 형제들아 우리가 모든 궁핍과 환난 가운데서 너희 믿음으로 말미암아 너희에게 위로를 받았노라 그러므로 너희가 주 안에 굳게 선즉 우리가 이제는 살리라"고 말했습니다. 주 안에서 굳게 서야 삽니다. 인내의 믿음을 가져야 합니다. 그러면 우리는 그리스도인으로 어떤 태도를 가지고 인내해야 할까요?

1. 하나님 앞에서 감사로 보답하며 인내합시다.

본문 9절에 "우리가 우리 하나님 앞에서 너희로 말미암아 모든 기쁨으로 기뻐하니 너희를 위하여 능히 어떠한 감사로 하나님께 보답할까"라고 말씀하고 있습니다. 여기의 "하나님 앞에서"는 하나님의 현존을 의식하며 산다는 말입니다. 하나님을 배제한 채 기뻐할 수 없다는 표현이며 또한 하나님께로부터 오는 순전한 기쁨을 말합니다.

그러므로 신앙의 온전한 모습을 가지게 된 것도 궁극적으로 하나님께서 주시는 선물임을 알아야 하고 하나님께 보답해야 합니다. 보답이란 '그대로 되돌려주는 것'을 의미하는데 바울은 보답의 대상이 하나님이시라고 고백했습니다. 특히 감사함으로 보답하라고 명했습니다. 기쁨은 데살로니가 성도들에게 굳건한 신앙으로 왔지만 "너희를 위하여 능히 어떠한 감사로 하나님께 보답할까"라고 말했습니다. 왜 그렇게 말했을까요? 모든 것이 결국 주님께서 주신 것이므로 주께 감사하라는 것입니다.

고홍주 박사는 한국인으로서 미국의 명문 예일대 로스쿨 학장(국무부 법률 자문관을 역임)으로 선임되었습니다. 그를 인터뷰할 때 감동적인 장면이 있었습니다. 그는 어렸을 적에 미국 이민을 갔는데 어려운 하버드대와 옥스퍼드의 명문대를 졸업하고 그 후 줄곧 엘리트 코스를 거쳤습니다. 그러다가 최고의 영예인 학장직위에 올라갔습니다. 그러나 그가 사람들에게 진정 감동을 준 것은 겸손한 태도였습니다.

학장으로 선임된 후 그는 자신의 어머니 전혜성 박사에게 들은 훈계를 인터뷰 중에 소개했습니다. "축하한다. 그러나 네가 잘 해서가 아니라 하나님이 도와주셔서 된 일이다. 그러니 높이 올라갈수록 약자를 돕고 배려하는 감사의 삶이 되어라. 그것이 바로 하나님의 은혜에 보답하는 길이다." 우리가 가진 것이나 성취한 모든 것은 하나님께로부터 온 것입니다. 하나님의 전적인 은혜입니다. 그러니 교만할 수가 없습니다. 감사로 보답하며 하나님이 원하시는 일에 쓰임 받아야 합니다.

채드윅 보스맨이 사망 직전 자신의 동료 배우이자 친구인 배우 조시 게드에게 보낸 마지막 문자가 공개되어 사람들을 울렸습니다. "숨 쉬는 이 순간, 고유한 아름다움과 경이로움에 대해 하나님께 감사드린다. 맑은 햇살이 비치는 날이든 어둠으로 흐려진 하늘이든 우리는 모든 순간 하나님의 창조의 소박함을 즐길 수 있어야 한다." 바울도 어려움 가운데 인내하면서 또한 데살로니가 교인들도 환난 속에 있었음에도 불구하고 믿음을 지켰습니다. 바울은 이 소식을 듣고 '모든 기쁨으로 기뻐'하며 하나님께 감사했습니다. 그리고 질문합니다. "어떠한 감사로 하나님께 보답할까?" 감사는 모든 불평과 어려움을 이기는 영적 힘이 되는 줄 믿습니다. 우리는 하나님 은혜에 감사로 보답하면서 인내해야 합니다.

2. 주야로 주님께 기도하며 인내합시다.

본문은 데살로니가 교회에 대한 디모데의 보고로 바울이 위로를 받은 장면에 이어 데살로니가 성도들을 위한 바울의 기도를 기록하고 있습니다. 특히 디모데의 보고가 바울에게 큰 만족이 되었습니다. 본문 10절에 "주야로 심히 간구함은 너희 얼굴을 보고 너희 믿음이 부족한 것을 보충하게 하려 함이라"라고 말씀하고 있습니다. 여기의 "주야로"에 해당하는 "뉙토스 카이 헤메라스"는 밤과 낮에 두 번만 기도한다는 의미가 아니라 '시도 때도 없이 끊임없이'라는 의미입니다.

그리고 '간구하다'는 "네오메노이"인데 현재분사(ing)로 '시간의 제약이 없이 계속하여 기도하는'이라는 의미입니다. 형식적으로 마지못해 하는 기도가 아니라 온 힘을 다해 싸우는 것과 같은 분투적인 자세로 계속 기도하는 것을 말합니다. 모름지기 우리에게 신실하신 하나님을 믿는 믿음이 있다면 온몸을 다해 매달려 간절히 간구하는 것이 당연한 일이 아닙니까?

데살로니가 교인들에게 칭찬받는 믿음이 있었다고 해서 그들의 믿음이 완전한 것은 아니었습니다. 자랑할 만한 믿음이었다 하더라도 채워져야 할 부분이 있는 믿음이었습니다. 바울은 데살로니가 교회를 위한 기도의 목적이 믿음의 부족함을 온전케 하는 데 있다고 했습니다. 데살로니가 교회의 믿음은 역사하는 믿음이었지만 그 믿음이 계속 유지되지 않았습니다. 환난과 시험을 극복해 낸 견고한 믿음이지만 더욱 성장해야만 했습니다. 우리의 믿음도 마찬가지입니다. 현재의 믿음에

안주하지 말고 더욱 신앙에 매진해야 합니다. 더 채워져야 할 부분이 있는 미숙한 믿음인 것을 인지하고 믿음이 부족해지지 않도록 간절히 기도해야 합니다. 부족한 부분에 대한 보충이 이루어지도록 계속 기도해야겠습니다.

우리는 우리의 기도를 주님께로 다시 초점을 맞춰야 하겠습니다. 우리의 기도가 주님께로부터 무엇인가를 얻기 위한 그 무엇인가에 초점이 맞춰져 있다면, 하나님께 초점을 맞추는 기도로 달라질 필요가 있습니다. 기도는 내가 바라는 것을 얻으려고 집어 드는 도구가 아닙니다. 하나님의 자녀라는 당당함으로, 하나님의 자녀의 신분으로 당당하게 하나님 아버지께 나가는 사랑의 행위입니다. 고난과 어려움 속에서도 인내하도록, 믿음이 약해지지 않도록 주님께 다가가도록, 주님의 손을 놓지 않도록 기도합시다.

예배도 기도회도 온라인을 통해 비대면으로 진행하니 얼굴을 직접 볼 수 없어서 아쉽습니다. 좀 더 기도에 힘써야겠습니다. 기도하기를 쉬는 죄를 범치 않겠다는 신앙적 결단이 필요합니다. 믿음의 공동체가 함께 모여 기도하는 것이 중요합니다. 사도 바울은 데살로니가 성도들을 마음에 품고 기도했습니다. "주야로 심히 간구함은 너희 믿음이 부족한 것을 보충하게 하려 함이라"(10). 고난의 때를 극복할 힘은 오직 기도, 기도입니다. 기도의 자리에 나오기가 힘들지 몰라도 기도하기만 하면 우리는 어떤 어려움도 이겨낼 수 있을 것입니다. 하나님의 자녀들이 세상과 환경을 이길 수 있는 강력한 영적 무기는 주님께 기도하면서 인내하는 것입니다.

3. 서로 넘치도록 사랑하며 인내합시다.

본문 12절을 봅니다. "또 주께서 우리가 너희로 사랑함과 같이 너희도 피차간과 모든 사람에 대한 사랑이 더욱 많아 넘치게 하사" 여기의 '사랑'은 '아가페' 사랑입니다. 이 사랑은 바울과 동역자들이 먼저 본을 보인 사랑이며 자기 유익을 구하지 않는 이타적 사랑으로 목숨까지도 기꺼이 내어주는 사랑입니다. 바울은 데살로니가 교인들이 하나님 앞에서 이와 같은 아가페 사랑이 넘치는 사랑의 사람이 되기를 권면했습니다. 여기의 '모든 사람'은 교회 밖의 사람들, 불신자뿐만 아니라 그들을 핍박하는 적대자들까지 포함하는 말입니다. 이 사랑은 독생자를 내어주시기까지 죄인들을 사랑하신 하나님의 아가페 사랑입니다. 사도 바울은 데살로니가 교인들에게 다른 성도들과 적대자들을 향한 사랑이 싹트기를 기도하고 있으며, 그 사랑이 더욱 많아지고 풍성해져 넘치기를 원하였습니다. 서로 사랑이 넘치기를 원했던 것입니다.

우리에게는 할 수 있는 사랑에서 1% 이상씩 더하는 것이 필요합니다. 컵이나 그릇에 물이나 주스 같은 것을 넘치게 부었던 적이 있으시지요. 그만큼 풍성함을 의미합니다. 넘치는 것은 컵과 그릇의 크기와 양에 1%만 넘어도 넘칩니다. 엄청 많아야 넘치는 것이 아닙니다. 지금까지 하던 가득한 사랑에 1%만 더합시다. 그러면 넘치는 사랑을 하는 것입니다. 지금까지 드려왔던 사랑의 헌금에 1%만이라도 더 한다면 그것은 넘치는 헌금이 될 것입니다. 100미터를 정하고 걸어왔다면 1

미터만 더 걸읍시다. 넘치도록 걸은 것입니다.

본문 12절은 "또 주께서 우리가 너희를 사랑함과 같이 너희도 피차 간과 모든 사람에 대한 사랑이 더욱 많아 넘치게 하사"라고 했는데, 넘치게 하시는 분이 바로 주님이심을 증거합니다. 즉 사랑하는 힘도 주님께서 주시는 것임을 고백합니다. 우리는 우리 자신의 힘이 아니라 주님이 주신 힘으로 사랑하며 인내할 수 있습니다.

오늘 설교 서두에 소개한 채드윅 보스맨은 2016년 대장암 3기를 진단받아 투병 중에도 암 환자, 사회적 약자들을 물질적으로 정서적으로 돕는 넘치는 사랑을 펼쳤기에 각계각층에서 그를 추모했음을 알게 되었습니다. CNN에서도 그가 별세한 다음날인 2020년 8월 29일 그의 모교인 워싱턴 D. C.에 있는 하워드대학 2018년 졸업식에서 했던 그의 축사를 소개했습니다. 유튜브를 찾아보니 "하나님은 우리를 향한 목적을 갖고 계셔"라는 그의 마지막 연설이 올라와 있습니다. 전 졸업생이 다 울었습니다. 그의 축사는 예레미야 29장 11절로 시작합니다. "여호와의 말씀이니라 너희를 향한 나의 생각을 내가 아나니 평안이요 재앙이 아니니라 너희에게 미래와 희망을 주는 것이니라."

보스맨의 축사 한 부분을 소개합니다. "어떤 때는 하나님이 우리 안에 섭리하신 진정한 열정과 목적을 향해 나갈 때 아픔이나 패배도 당할 수 있다고 생각합니다. 하지만 하나님은 예레미야 선지자에게 말씀하셨습니다. '내가 너희를 두고 계획하고 있는 일들은 재앙이 아니라 번영이다. 너희에게 미래에 대한 희망을 주려는 것이다.' 오늘 졸업하는 여러분, 제 말을 잘 들어보십시오. 하나님은 우리를 향한 목적을 갖고 계십니다. 그 목적이란 우리가 하나님의 기쁨을 위해 계획되었으며 그리스도를 닮도록 창조되었고 하나님의 가족으로 태어났으며 하나님을 섬기기 위해 지금의 모습으로 지음을 받았다는 것입니다. 그리고 사명을 위해 태어났습니다. 돈과 성공이 아니라 목적입니다. 직업이나 경력보다 목적을 먼저 찾으세요. 목적이 여러분의 핵심 요소입니다. 여러분이 이 시대, 지구상에 존재하는 이유입니다. 무슨 진로를 택하든 잊지 마세요. 그 길에 따르는 역경은 여러분을 목적지에 데려다주는 과정입니다. (중략) 저도 하나님께서 주신 목적을 향해 나가며 고난과 고정관념이라는 시스템에 도전했고 결국 길이 막혀 다른 길로 갔을 때, 그 길에서 하나님의 인도와 목적하심을 이뤘습니다. 그 길에 당신의 목적을 위해 방해되는 인물이 있다면 하나님은 여러분을 방해하는 사람을 옮겨버릴 것입니다. 그리고 누군가를 여러분을 위해 그 자리에 데려다 놓을 것입니다. 나는 여러분의 미래가 어떨지 모릅니다. 하지만 더 힘들고 복잡하고 당장의 성공보다 더 많은 실패가 있는 길, 궁극적으로 더 많은 의미가 있는 길을 택한다면 후회하지 않을 승리와 영광이 함께 할 것입니다."

그는 젊은이들에게 용기 있게 세상에 맞서 하나님의 목적을 이루는 삶을 살아가라고 격려했습니다. 평소 채드윅 보스맨은 에베소서 3장 20절의 말씀을 좋아하고 늘 기억하고 살았다고 합니다. "우리 가운데서 역사하시는 능력대로 우리가 구하거나 생각하는 모든 것에 더 넘치도록 능히 하실 이에게." 과연 여러분은 우리가 구하거나 생각하는 모든 것에 더 넘치도록 능히 하실 우리 주 예수를 신뢰하며 맡길 수 있으신가요?

　언제 끝날지 모를 코로나19의 암흑 속에서도 주님만 신뢰하며 이 인내해야 하는 길에서 우리는 승리할 수 있습니다. 힘들어도 하나님의 모든 은혜를 찾아 보답합시다. 밤낮 기도하시되 당신의 믿음을 보충하십시오. 당신이 할 수 있는 사랑에 1% 이상만 더한다면 넘치는 사랑을 할 수 있습니다. 그리고 우리 가운데서 역사하시는 능력대로 우리가 구하거나 생각하는 모든 것에 더 넘치도록 능히 하실 그분을 인내의 길에서 만나시길 바랍니다.

묵상을 위한 질문

❶ 사도 바울이 어려움 중에도 감사할 수 있었던 이유가 무엇이라고 생각합니까?

❷ 채드윅 보스맨의 이야기를 통해 당신은 어떤 교훈을 얻습니까?

❸ 당신의 기도 초점은 어디에 맞춰져 있습니까?

16
어두운 밤을 지혜롭게 지나가자

(야고보서 1장 1-5절)

지금 전 지구촌이 겪고 있는 코로나 팬데믹 상황을 우리도 겪고 있습니다. 많은 사람들이 어려움을 토로합니다. 일자리도 사라지고, 수많은 자영업자들도 영업손실을 감수하고 있고, 사회활동도 위축되고, 결혼식이나 장례식마저도 제대로 치르지 못하는, 말 그대로 대혼란의 상황입니다. 지금 교회와 성도들도 고난의 어두운 밤을 지나고 있습니다. 이러한 상황을 어쩔 수 없는 운명으로 여기고 무기력하게 탄식하고 주저앉아 있어야만 할까요?

초대교회 당시에도 어두운 밤을 지나던 사람들이 있었습니다. 야고보서는 그들을 "흩어져 있는 열두 지파"라고 부릅니다. 그들은 로마제국 전역에 흩어져 살고 있던 유대인 그리스도인으로서 세 가지 어려움이 있었는데, 신앙적인 핍박이 심했고, 정치적인 핍박과 흉년으로 인해 경제적인 어려움이 있었습니다. 야고보서는 여러 가지 고난 속에 있는 그리스도인에게 보내진 메시지입니다.

야고보서를 기록한 야고보는 예수님의 동생으로 알려졌고, 사도 바울과 네 번이나 만났습니다(갈 1장, 행 11장, 15장, 22장). 그리고 야고보는 이방인이 할례나 율법의 조건 없이 오직 믿음으로 하나님 백성의 공동체가 될 수 있다고 확정지은 예루살렘교회의 지도자였습니다(행 15:13-22). 야고보서는 오직 믿음을 강조하는 바울 서신과는 달리 '의롭게 된 사람이 어떻게 살아야 하는가?'라는 칭의의 결과 즉, 믿음의 열매로서의 행위에 대해 말하고 있습니다. 성령 하나님께서는 야고보를 통하여 초대교회 성도들에게 운명처럼 다가온 고난의 상황 가운데서 체념하거나 약해지지 말고 의연하게 대처하며 오히려 진정한 믿음의 진수를 보여주도록 교훈하였습니다. 그러면 코로나 팬데믹으로 어두운 밤을 지나고 있는 우리가 야고보서를 통해 얻어야 할 삶의 지혜는 무엇일까요?

1. 고난을 기쁨으로 수용하라.

야고보서 1장 2절은 "내 형제들아 너희가 여러 가지 시험을 당하거든 온전히 기쁘게 여기라"고 말씀하고 있습니다. 그리스도인이라는 이유로 차별받을 뿐 아니라 정치적, 경제적, 사회적으로 극심한 고난 가운데 있던 성도들에게 야고보는 성령님의 감동을 따라 기뻐하라고 명령합니다. 이해하기 힘든 권면입니다.

일반적으로 고난당할 때 어떻게 반응할까요? 낙심하는 사람이 있습니다. 너무 낙심하여 기도도 못하고 예배의 자리에도 나오지 못하는 사람도 있습니다. 어떤 사람은 하나님을 원망하기도 합니다. 기도를 많이 하고 하나님을 잘 섬겼는데 나에게 왜 이런 일이 생기는가? 어떤 사람은 고난을 저주로 생각하기도 합니다. "기도 안 해서 고난이 온 거야", "죄가 많아서 고난이 온 거야"라는 생각은 더 큰 고난 속으로 들어가게 합니다.

미국의 심리학자 엘리자베스 퀴블러-로스(Elisabeth Kübler-Ross, MD, 1926-2004)는 말기 암 환자를 살피면서 1969년에 쓴 「죽음과 죽어감」(On Death and Dying)이란 책을 썼는데, 인간은 감당하기 어려운 일을 통보받게 되면 심리적으로 다섯 단계를 거친다고 합니다. 1단계는 부인(denial)입니다. "그럴 리가 없다", "의사가 실수했을 거야"라며, 눈앞에서 벌어지는 현실을 믿지 않는 단계입니다. 2단계는 분노(anger)입니다. 부인해도 부인할 수 없는 현실임을 깨달은 후에 주변 사람이나 신에 대한 강한 분노를 표현하는 단계입니다. 3단계는 흥정(bargaining)입니다. '살려만 주시면'하고 흥정합니다. 그리스도인은 하나님 앞에 서원하기도 합니다. 4단계는 우울(depression)입니다. 대부분의 사람들이 우울단계에 머물다 생을 마감합니다. 그리고 일부의 사람들만 5단계까지 갑니다. 5단계는 수용(acceptance)입니다. 어찌할 수 없는 현실을 받아들이고 점차 적응하는 것입니다. 그리고 주변 사람들에게 감사하는 단계입니다.

그런데 야고보는 고난을 당할 때 온전히 기뻐하라고 합니다. '온전히'는 '더할 나위 없이'라는 의미입니다. 즉, 더할 나위 없이 기뻐하라는 것입니다. 그러면 우리가 원치 않는 고난 속에서 어떻게 기뻐할 수 있을까요? 여기서 말하는 기쁨은 감정적인 것이 아니라 의지적인 것입니다. 어려운 환경 속에서 감정적으로는 기뻐할 수 없습니다. 만약에 감정적으로 기뻐할 수 있으면 정상이 아닙니다. 의지적이기 때문에 '기뻐하기를 선택하라'는 말입니다.

우리가 고난 가운데 의지적으로 기뻐할 수 있는 이유는 고난은 유익이 있기 때문입니다. 야고보서 1장 4절은 말합니다. "인내를 온전히 이루라 이는 너희로 온전하고 구비하여 조금도 부족함이 없게 하려 함이라." 고난 가운데 인내를 온전히 이룰 때 조금도 부족함이 없는 사람으로 성숙합니다. 고난은 인간이 성숙할 수 있는 기회입니다. 좋은 환경 가운데 인격이 변화되는 사람은 별로 없습니다. 대부분 고난 가운데서 사랑을 배우고, 공감을 배우고, 배려를 배웁니다. 하나님께서 시련을 허락하시는 이유는 우리의 성장을 위해서입니다. 그러므로 지혜로운 사람은 고난의 때를 낭비하지 않습니다. 고난 가운데 성장하지 않는 사람은 고난을 낭비하는 사람입니다.

세상에 시련과 고난을 좋아할 사람은 단 한 사람도 없을 것입니다. 고난을 달라고 기도하지도 않을 겁니다. 그러나 고난이 왔을 때 고난의 유익을 생각하면 고난을 기쁨으로 수용할 수 있습니다. 야고보가 시련을 당할 때 온전히, 더할 나위 없이 기뻐하라는 권면은 시련을 기쁨으로 수용하라는 의미입니다. 고난을 기꺼이 수용하면서 오히려 성숙과 성장의 기회로 삼는 것입니다. 수험생이 자기 성장을 위해 기꺼이 고난을 수용할 때 인내하며 열심히 공부할 수 있고 결과적으로 좋은 성적을 얻을 수 있습니다. 우리가 신앙생활을 하면서 고난이 올 때, 기꺼이 수용할 때 인내할 수 있고 성장하게 됩니다.

어떤 고난이든지 우리가 기쁨으로 수용하고 인내하면 온전한 사람으로 변화됩니다. 고난 가운데 이렇게 기도해 보십시오. "주님, 이 고난을 통하여 제게 가르치기 원하시는 것이 무엇인가요?" "이 시련 가운데서 저에게 성장하기 원하시는 것은 무엇인가요?" 성경은 고난을 부정적으로만 말하지는 않습니다. 고난은 힘든 것이지만 우리에게 많은 유익을 주기도 합니다. 시편 기자는 고백했습니다. "고난 당한 것이 내게 유익이라 이로 말미암아 내가 주의 율례들을 배우게 되었나이다"(시 119:71). 우리가 코로나19를 통해 고난 가운데 있지만, 이러한 고난을 기꺼이 수용하고 배우고 성장할 수 있는 기회가 되기를 축복합니다.

2. 고난을 피하지 말고 살아내라.

야고보서 1장 3절과 4절에 "이는 너희 믿음의 시련이 인내를 만들어 내는 줄 너희가 앎이라 인내를 온전히 이루라 이는 너희로 온전하고 구비하여 조금도 부족함이 없게 하려 함이라"고 말씀합니다. 시련 당할 때 그 시련이 유익이 되려면 반드시 인내를 온전히 이루어야 합니다. 인내의 헬라어 '후포모네'(hupomone)는 '밑에 머물다', '견고히 서다'라는 뜻입니다. 즉, 고난 가운데 포기하거나 피하지 말고 그 속에서 서 있어야 합니다. 인내는 그냥 참는 것이 아니라 살아내는 것입니다. 사람들은 문제가 생기면 피하고 싶은 마음이 생깁니다. 그러나 온전한 사람으로 변화하기 위해 그 환경에 머물러 있어야 합니다. 인내는 회피하지 않고 살아내는 것입니다.

요셉이 온전한 사람으로 성장할 수 있었던 것은 살아냈기 때문입니다. 고난 속에서 분노나 우울증에 빠져 살지 않았고, 도망가려는 생각도 하지 않았습니다. 그는 하나님과 함께 보디발 가정에서, 옥중에서 그리고 바로의 왕궁에서 자신의 역할을 해냈습니다. 살아내는 사람이 성장하는 것입니다. 직장에서 고난 받을 때 직장을 옮기는 것으로 문제를 해결하려 하면 문제는 반복하게 될 것이고 자신의 성장도 없을 것입니다. 교회 생활도 마찬가지입니다. 교회 생활 가운데 어려움이 생겼을 때 교회를 옮기는 것으로 문제를 피하려 하면 그 문제는 영원히 해결되지 않을 것입니다.

어느 성도님의 간증입니다. "코로나로 인해 남편의 재택근무와 세 아이의 온라인학습과 양육의 모든 일을 가정이라는 한 공간에서 해야 하는 어려움이 있습니다. 주님의 능력과 성령의 충만함이 없으면 살 수 없는 환경이었습니다. 게다가 회복되지 않고 풀리지 않는 부부관계, 자녀와의 관계, 시부모님과의 관계 때문에 많이 힘들었습니다. 이런 고난 속에서 저는 많은 쓴 뿌리 중 피해의식, 정죄감, 수치심, 분노가 강했기에 거짓과 속이는 영의 아비인 사탄에게 여러 영역을 내어주었던 것을 자각하게 되었습니다. 더군다나 몇 년간 애씀에도 더 나빠진 상황 속에서 '네가 조금만 더 잘했더라면, 조금만 더 참았더라면 이렇게 어그러지지 않았을 텐데. 너 때문이야. 너는 패배자야.'라는 사탄의 속삭임으로 죄책감과 자괴감에 빠져 괴로웠습니다."

그 성도님은 사탄의 속임수를 깨닫고 마음을 새롭게 가졌다고 합니다. "이렇게는 살 수 없다. 바로잡아야 한다. 거짓에 속은 부분들을 정리해야 한다. 빼앗긴 영역을 되찾아야 한다."고 생각했답니다. 그리고 자신에 대한 왜곡된 생각을 버리고, 말씀이 말하는 자신의 모습을 믿고 선포하였답니다. 그 성도님의 승리선언은 다음과 같습니다. "그러면서 내 안에 사탄이 뿌려놓았던 수많은 속임수, 피해·정죄 의식 등등이 사라져가는 것을 알게 되었습니다. 내 생각 속으로 들어와 속였던 사탄의 역사는 말씀 앞에 무너져가는 것을 보고 체험하고 있습니다."

고난의 시기는 영적인 싸움의 때입니다. 여러 어려움 속에서 굴하지 않고 살아낼 때 변화가 일어납니다. 지금 팬데믹 상황에서 우리의 과제는 살아내는 것입니다. 자기 역할을 꿋꿋하게 해내는 것입니다. 가정과 직장과 교회와 삶의 자리에서 어떤 어려움 속에서도 피하지 말고 살아내시기를 축복합니다.

3. 지혜를 구하라.

본문 야고보서 1장 5절은 "너희 중에 누구든지 지혜가 부족하거든 모든 사람에게 후히 주시고 꾸짖지 아니하시는 하나님께 구하라 그리하면 주시리라"고 말씀합니다. 우리는 고난 가운데서 무엇을 하고 어떻게 해야 하는지, 우리가 할 일과 나아갈 길을 깨닫도록 적극적으로 지혜를 구해야 합니다. 우리는 살면서 진짜 문제와 가짜 문제에 직면합니다. 진짜 문제는 사람의 힘으로 해결할 수 없고 오직 하나님만 해결할 수 있는 문제입니다. 가짜 문제는 우리가 해결할 방법이 있지만, 그 방법을 몰라서 문제가 되는 것입니다. 진짜 문제는 다른 방법이 없습니다. 오직 하나님께 가지고 나아가야 합니다. 그러나 가짜 문제는 하나님께 지혜를 구하면서 자신이 할 일을 해야 합니다. 하나님은 우리에게 할 일과 갈 길을 보여 주시는 분입니다. 하나님이 주는 지혜는 문제를 해결할 수 있는 지식입니다.

하나님께서는 우리에게 성경을 통해서 지혜를 주십니다. 영적으로 성숙한 사람을 통해 주시기도 합니다. 그리고 교회를 통해 지혜를 얻게 하십니다. 더 나아가 성령님을 통해 직관적인 깨우침을 주실 때도 있습니다. 고난이 있을 때, 우리는 성경을 읽으면서 지혜를 구해야 합니다. 우리는 기도하면서 다른 사람의 말을 경청할 필요가 있습니다. 하나님의 공동체 속에 머물면서 지혜를 얻어야 합니다. 그리고 성령의 감동 가운데 하나님의 음성에 귀를 기울여야 합니다.

어느 기자의 이야기입니다. 배를 타고 남태평양을 지나던 중 그만 암초에 부딪쳐 배가 침몰하고 말았습니다. 모두가 죽고 혼자만 겨우 살아남아 한 무인도에 도달해서, 해초로 연명하며 추위에 떨다가 겨우 풀을 뜯어 움막을 만들고 한기를 피했습니다. 그리고 천신만고 끝에 나무를 비벼 불씨를 만들었는데, 그만 거센 바람에 불티가 초막에 옮겨 붙어 홀랑 타버리고 말았습니다. 그는 기가 막혀 눈물도 안 나오는 상태에서 하늘을 향해 소리를 질렀습니다. "하나님! 이럴 수가 있습니까? 살아보겠다고 이렇게 힘겨워하는데 어떻게 이럴 수 있습니까! 정말 너무하십니다." 낙심에 절망하고 있는 그때 "부응"하는 뱃고동 소리가 났습니다. 수평선 위에 웬 배가 나타난 것입니다. 구출된 뒤 그가 물었지요. "어떻게 알고 찾아왔나요?" 그 배의 선장이 대답했습니다. "틀림없는 무인도인데 갑자기 난데없이 연기가 보이더군요."

우리의 삶에 고난이 있을 때가 있습니다. 지금 이 순간이 고통과 낙담을 가져다주는 고난의 시간이라면 그 고난이 바로 구조선을 오게 하는 신호가 됨을 기억하기 바랍니다. 힘든 일상을 살아가고 계시다면 우리의 온갖 구하는 것이나 생각하는 것, 그 이상으로 채우시는 하나님의 은혜를 깊이 경험하시길 바랍니다. 이유 없는 고난은 없습니다. 하나님은 결코 우리의 고난을 의미 없게 만들지 않으십니다. 주님의 위로와 그분의 능력으로 연단과 회복의 은혜를 깊이 경험하시길 축복합니다.

어쩌면 우리에게 이런저런 고난이 계속 있는지도 모릅니다. 고난 없는 영광, 고난 없는 성숙은 있을 수 없습니다. 이 둘은 서로 분리될 수 없습니다. 심리학자들도 고난 자체가 아니라 고난에 대한 대응 능력이 문제라고 합니다. 대응을 잘하면 건강한 사람이고, 적절하게 대응하지 못하면 많은 부정적 증상들이 나타나는 것입니다. 오늘 야고보는 고난 속에서 우리가 어떻게 살아야 하는지 분명하게 권면하고 있습니다. 우리가 고난의 유익을 생각하며 기쁨으로 수용하고, 그 속에서 살아내면서 하나님의 지혜를 구하면 반드시 그 고난은 우리를 온전한 사람으로 만들 것입니다. 기독교 교육학의 아버지 코메니우스는 이런 말을 했습니다. "고난이 많을수록 하나님의 샬롬은 더 가까워지고 있다." 고난 속에서 승리하시기를 축복합니다.

묵상을 위한 질문

❶ 당신이 경험한 고난을 통하여 어떤 유익을 얻었습니까?

❷ 당신은 코로나 팬데믹 상황이 주는 유익이 있다면 어떤 것이라고 생각하십니까?

❸ 현재 당신의 진짜 문제와 가짜 문제가 무엇이라고 생각하십니까?

17
역경 속에서도 감사하자

(사도행전 27장 20-26절)

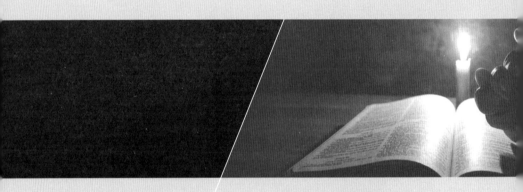

환경이 말할 수 없이 어렵고, 힘들고, 손에 가진 것이 없음에도 불구하고 감사할 줄 아는 영혼이 있습니다. 그는 바로 주님이 충성스럽게 여기신 사도 바울입니다. 오늘 본문을 보면, 바울 사도는 죄수의 몸이 되어 로마제국 황제 앞에 서기 위하여 로마로 호송 당하고 있었습니다. 그런데 여러 날 동안 항해를 한 후 미항이라는 곳에 잠시 정박을 했습니다(행 27:8). 바울은 영적인 감각을 가지고 백부장에게 행선을 계속하면 재산과 더불어서 사람의 생명에도 지장이 있을 것이니 겨울을 지나고 가자고 제의했습니다. 그러나 백부장은 선장과 선주의 말을 믿고 바울의 말에는 귀를 기울이지 않았습니다. 결국 항해를 계속하기로 결정을 내리고 미항을 출발했습니다.

처음 항해를 하면서 별로 이상한 점은 없고, 순풍이 불어주니 자기들의 결정이 옳은 것이었다고 하면서 좋아했을 것입니다. 그런데 문제가 생기기 시작하였습니다. 갑자기 광풍 유라굴로가 일어나 그들을 고통 속으로 몰아넣은 것입니다(행 27:14). 사람들은 두려워하기 시작했고, 배를 가볍게 하려고 배 안에 실은 모든 짐을 바다에 던졌습니다. 광풍이 일어난 지 사흘이 되던 날에는 배 안의 기구들까지도 다 버렸습니다. 사람들은 먹지도 못하고 광풍과 싸우느라 지칠 대로 지쳐있었습니다.

광풍으로 인하여 모든 사람이 주저앉아 있을 때 바울은 배를 타고 있던 276명에게 말했습니다. "내가 너희를 권하노니 이제는 안심하라 너희 중 생명에는 아무 손상이 없겠고 오직 배뿐이리라 바울아 두려워 말라 네가 가이사 앞에 서야 하겠고 또 하나님께서 너와 함께 행선 하는 자를 다 네게 주셨다 하였으니 그러므로 여러분이여 안심하라 나는 내게 말씀하신 그대로 되리라고 하나님을 믿노라"(행 27:22-25). 그리고 떡을 가지고 축사한 후에 그들에게 나누어주어 먹게 했습니다.

광풍을 만난 지 보름 만에 그들은 멜리데 섬에 내리므로 생명을 보존할 수 있었고, 정신을 가다듬을 수가 있었습니다. 바울 사도는 절망의 현장에서, 두려워하는 사람들에게 능력 있는 말로 위로하고, 떡을 가지고 축사한 후 그들에게 나누어주었습니다. 축사는 감사의 기도입니다. 하나님께 감사하고 떡을 나누어 먹었다는 것입니다. 그렇습니다. 사도 바울은 그가 처한 역경 속에서도 하나님께 감사하는 사람이었습니다. 성도는 어떤 역경에 처한다 하더라도 하나님께 감사하는 사람이 되어야 합니다. 그렇다면 우리가 팬데믹과 같은 역경과 어려움을 당할 때 어떻게 하나님께 감사하는 사람이 될 수 있을까요?

1. 하나님께서 우리와 함께하심을 믿을 때 하나님께 감사하는 사람이 될 수 있습니다.

본문 23절을 보면 "내가 속한바 곧 나의 섬기는 하나님의 사자가 어젯밤에 내 곁에 서서 말하되"라고 했습니다. 사도 바울은 폭풍이 몰아치는 바다 한가운데서 밤을 지내면서 하나님의 사자가 자기 곁에 함께하고 있음을 알았습니다. 하나님께서는 바울에게 하나님의 사자를 보내시어 그가 어떤 상황 가운데 있다 하더라도 하나님께서 함께하신다는 것을 일깨워주신 것입니다. 바울도 인간이기 때문에 생명의 위협이 가해지는 천재지변 앞에서 두려운 마음을 가질 수 있고, 불안한 마음을 가질 수 있었습니다. 그러나 그가 두려워하지 않고, 불안한 마음을 떨칠 수 있었던 것은 전능하신 하나님께서 자기와 함께 하심을 믿었고 위로의 음성, 분명한 하나님의 구원하시는 음성을 들었기 때문입니다.

바울의 처지를 한번 생각해 보십시오. 죄인이 아님에도 죄수의 몸으로 로마로 이송되는 참으로 안타까운 처지가 아닙니까? 더욱이 폭풍우 속에서 열나흘이나 되도록 아무것도 먹지 못하고 뱃멀미로 기진맥진하여 "구원의 여망"(20절)마저 없어진 상태였습니다. 그렇지만 그는 그런 상황 속에서도 하나님을 원망하거나 좌절하지 않았습니다. 이것은 하나님이 함께하신다는 확신이 있었기에 가능한 것입니다. 이런 극한 상황 속에서도 하나님이 나의 처지를 알고 계시며 구원해 주신다는 믿음이 있었습니다.

코로나19로 팬데믹 상황이 이어지면서 사람들이 다 힘들어하는 시대가 되었습니다. 어떻게 보면 바울의 처지와 비교해 볼 수 있지 않을까요? 내가 아무것도 잘못한 것이 없는데 왜 거리 두기를 하고, 불편한 마스크를 쓰고, 학업을 맘대로 하지 못하고…. 이렇게 불평, 불만을 하기보다는 바울을 생각하면서 하나님이 함께하심에 감사하는 성도님들이 되시기를 소망합니다.

성도 여러분! 인간이 당하는 환난이 아무리 크다 해도 하나님이 함께하시면 두려울 것이 어디 있겠습니까? 다윗을 한번 생각해 보십시오.

"여호와는 나의 목자시니 내가 부족함이 없으리로다 내가 사망의 음침한 골짜기로 다닐지라도 해를 두려워하지 않을 것은 주께서 나와 함께 하심이라 주의 지팡이와 막대기가 나를 안위하시나이다"라고 시편 23편에서 고백하고 있지 않습니까? 이제는 이 고백이 우리의 고백의 되기를 소망합니다.

2. 사명이 있다는 사실을 깨달을 때 하나님께 감사하는 사람이 될 수 있습니다.

사도행전 27장 24절 말씀에, "바울아 두려워 말라 네가 가이사 앞에 서야 하겠고 또 하나님께서 너와 함께 행선 하는 자를 다 네게 주셨다 하였으니"라고 했습니다. 바울은 가이사 앞에 서야 할 사명을 가지고 있었습니다. 로마로 호송 당하는 것도 바울 자신에게 어떤 죄가 있어서가 아니라 로마를 복음화 해야 하는 하나님의 뜻이 있었습니다. 즉 하나님의 사명이 있었습니다. 그러니 하나님께서 사명이 있는 자를 풍랑 속에서 죽도록 내버려 두시겠습니까?

당시 로마는 세계적인 나라요 그 중심 도시이기 때문에 로마에서 복음을 증거하면 모든 족속으로 제자를 삼고, 땅 끝까지 복음을 증거하는 지름길이 될 것이기에 세계복음화의 시기를 단축시킬 수 있다는 생각에 어찌하든지 로마로 가려고 했습니다. 사명이 있는 자는 결코 죽지 않습니다. 하나님이 죽도록 내버려 두시지 않습니다. 하나님이 우리에게는 어떤 사명을 주셨습니까? 바로 복음을 전파하는 사명을 하나님이 우리에게 주셨습니다. "너희는 온 천하에 다니며 만민에게 복음을 전파하라"(막 16:15)고 하셨습니다.

우리 주변에 믿지 않는 가족들, 친구들, 직장 동료들이 있지 않나요? 그들에게 복음을 증거하여 구원의 길로 이끄는 것이 우리에게 맡겨진 사명입니다. 이 사명을 감당하고자 할 때 하나님께서는 우리의 머리털 하나 상하지 않도록 지켜주실 줄 믿습니다. 코로나19가 아무리 독한 전염병이라 해도 사명의 길을 막을 수 없습니다. 우리는 사명의 사람이라는 사실을 깨달아야 합니다. 사명의 사람임을 깨달을 때 하나님께 감사의 고백을 할 수 있습니다.

3. 말씀의 능력을 믿을 때 하나님께 감사하는 사람이 될 수 있습니다.

본문 25절을 보면, "그러므로 여러분이여 안심하라 나는 내게 말씀하신 그대로 되리라고 하나님을 믿노라"라고 했습니다. 사도 바울은 하나님의 사자가 전해 준 하나님의 말씀을 믿었습니다. 하나님께서는 24절의 기록대로 두려워 말라고 하셨고, 함께 항해하는 모든 사람을 그에게 붙여주신다고 말씀하셨습니다. 사도 바울은 그 말씀을 그대로 믿었습니다. 왜냐하면 하나님의 말씀에는 능력이 있기 때문입니다.

하나님의 말씀은 역사하는 능력이 있습니다. 하나님은 말씀으로 세상 만물을 창조하셨고 주관하십니다. 히브리서 4장 12절 말씀을 보면

"하나님의 말씀은 살았고 운동력이 있어 좌우에 날 선 어떤 검보다도 예리하여 혼과 영과 및 관절과 골수를 찔러 쪼개기까지 하며 또 마음의 생각과 뜻을 감찰하나니"라고 했습니다.

이제 우리는 말씀의 능력을 믿고 좌우로 치우치지 말아야 합니다. 어떤 고난이 와도, 어떤 역경이 와도, 어떤 환난이 와도, 좌우로 치우치지 말고, 말씀의 능력을 믿고 하나님이 우리를 위해서 하시는 구원의 은혜를 바라보도록 합시다.

성경은 우리보다 더 심한 박해와 핍박 속에서도 끝까지 말씀의 능력을 믿음으로 하나님께 은혜를 입었던 믿음의 선배들의 모습을 말해줍니다. 예를 들어 모세가 홍해 앞에서 지팡이를 들고 백성들에게 "가만히 서서 너희를 위하여 행하시는 하나님의 구원을 보라"(출 14:13)고 하나님의 말씀을 선포했을 때, 그 말씀처럼 바다가 갈라지는 기적을 경험했습니다. 우리도 하나님이 우리를 위하여 구원을 베푸시도록 말씀의 능력을 믿고 기다리는 믿음의 성도가 됩시다. 이러할 때 우리도 삶 속의 어려운 환경에 핑계 대지 않고 감사의 기도를 하게 될 것입니다.

이제 말씀을 정리하겠습니다. 이런 시를 들어보신 적 있으시지요? "자세히 보아야 예쁘다. 오래 보아야 사랑스럽다. 너도 그렇다." 시인협회 회장을 지냈고, 풀꽃 시인으로 알려진 나태주 시인의 시 "풀꽃"입니다. 그가 지은 "한 사람"이라는 시가 있습니다. "아무리 눈을 감고 생각해 봐도, 한 사람의 이름이 떠오르지 않는다. 정말로 내가 힘들고 괴로울 때, 문득 찾아가 이야기할 바로 그 한 사람. 마음에 가득한 짐짝들 내려놓기도 하고, 그것들 잠시라도 맡아줄 한 사람. 네가 그 사람이 되어 준다면 얼마나 좋을까? 내가 너에게 그 한 사람이 된다면 얼마나 좋을까?" 지금 우리에게 그 한 사람이 필요합니다. 아니 우리가 누군가에게 그 한 사람이 되어 주어야 합니다.

사도 바울은 풍랑으로 인하여 모두가 주저앉아 죽음을 앞에 두고 있을 때 그들 앞에 일어섰습니다. 바울 자신도 풍랑으로 인하여 지치고 힘겨웠을 것입니다. 그러나 그는 모든 사람에게 희망을 주고, 용기를 주고, 기회를 주는 그 한 사람이 되었습니다. 모두가 절망에 휩싸였을 때 오히려 감사하는 사람이 되었습니다. 감당하기가 심히 어려운 폭풍과 파선과 표류의 상황 가운데서도 하나님께 감사하는 사람이 될 수 있었던 사도 바울, 아니 그를 감사하는 사람이 되도록 인도하시고 역사해주신 하나님의 은혜가 팬데믹 상황이라는 어려운 길을 걸어가는 우리에게도 똑같이 임하기를 소망합니다. 사도 바울과 함께하시고, 그로 사명의 사람인 것을 깨닫게 하시고, 그에게 말씀의 능력을 믿음으로 감사할 수 있도록 역사하신 하나님께서 우리에게도 같은 은혜를 주실 줄 믿습니다.

나태주 시인의 시 한 수를 더 소개합니다. "촉"이라는 시입니다. "무심히 지나치는 골목길. 무겁고 단단한 아스팔트 각질을 비집고. 솟아오르는 새싹의 촉을 본다. 얼랄라. 저 여리고 부드러운 것이! 한 개의 촉 끝에 지구를 들어 올리는 힘이 숨어 있다." 그렇습니다. 우리도 하나님께서 함께하시고 우리 자신이 사명의 사람인 것을 깨닫고 하나님 말씀의 능력을 굳게 믿음으로 어떤 역경과 고난과 어려움 속에서도 하나님께 감사함으로 일어서는 사람이 됩시다.

묵상을 위한 질문

❶ 지금 당신이 당하고 있는 가장 큰 어려움은 무엇입니까?

❷ 당신은 하나님께서 함께하신다는 사실을 어떻게 느끼며 살고 있습니까?

❸ 어떤 상황에서도 당신이 감당해야 할 사명이 무엇이라고 생각하십니까?

18
거룩한 뜻을 정하자
(다니엘 1장 8-21절)

작심삼일(作心三日)이란 말이 있습니다. 마음을 단단히 먹고 시작하지만, 사흘만 지나면 흐지부지해진다는 뜻으로 사용합니다. 이 말의 유래에 관해 전해지는 이야기가 있습니다. 조선 중기의 문신이자 대학자인 서애(西厓) 유성룡이 도체찰사(都體察使, 전시에 의정을 담당했던 최고군직)로 있을 때입니다. 각 고을에 급히 발송할 문서를 역리(驛吏)에게 주었는데, 공문을 보낸 뒤 사흘 만에 수정할 게 있어서 급히 회수하라고 명했습니다. 그런데 그 역리가 즉시 공문을 가지고 오는 것입니다. 놀란 유성룡이 역리를 꾸짖습니다. "아니 공문을 어찌 네가 고스란히 가지고 있느냐? 삼 일 전에 이미 발송했어야 하지 않느냐?" 이에 역리가 대답합니다. "속담에 '조선공사삼일(朝鮮公事三日)'이란 말이 있습니다. 쇤네의 소견으로 사흘 후에 다시 고칠 것을 예상해서 사흘을 기다리느라고 보내지 않았습니다." 이 말을 들은 유성룡은 "가히 세상을 깨우칠 말이다. 내 잘못이다"라며 공문을 고친 후에 다시 발송했다고 합니다. 조선 시대 정치가 혼란할 때, 부정부패가 심해서 행정명령이 자주 바뀌고 체계가 없어서 이를 비꼬아 생긴 말인 듯싶습니다. 그래서 '작심삼일'이란 사흘을 두고 생각한 끝에 비로소 결정한다는 '신중함'을 의미하기도 하지만, 처음 결정을 지키지 못하고 흐지부지된다는 의미가 더 강한 것 같습니다.

하나님의 사람들이 언제나 발전적이고 좋은 뜻을 정하는 것은 매우 중요하고, 뜻을 신중하게 정한 후에 작심삼일처럼 흐지부지되지 않게 끝까지 지키는 것은 더 중요합니다. 그러나 하나님의 백성들에게는 더 중요한 것이 있습니다. 그것은 하나님 앞에서 '좋은 뜻', '거룩한 뜻'을

세우는 것입니다. 다니엘과 그의 세 친구는 거룩한 뜻을 정한 사람들
이었습니다. 그 뜻이 하나님의 마음에 맞을 때, 놀라운 축복이 있습니
다. 복된 인생이 됩니다. 우리도 거룩한 뜻을 세우는 사람이 되어야 합
니다.

1. 암울한 현실

오늘 본문 말씀은 이스라엘의 암울한 현실을 그대로 나타내
고 있습니다. 이미 주전 721년 북 왕국 이스라엘은 앗수르 제국에 의
해 패망하고, 남 왕국 유다마저도 주전 605년 바벨론 제국의 강력한
왕 느브갓네살이 처음 침공하여 다니엘과 세 친구를 비롯한 유다 귀족
들을 다수 사로잡아 바벨론으로 데려갔습니다. 이것이 바벨론의 1차
침공입니다. 그 이후 주전 597년 2번째 침공에서 1만 명의 포로를 끌
고 갔고, 주전 586년 3번째 침공으로는 예루살렘 성과 성전을 완전히
파괴하고 유다 백성들을 바벨론으로 끌고 갔습니다. 이 암울한 현실이
오늘 본문의 배경입니다. 그들에게는 나라의 멸망과 미래에 대한 불확
실성, 그리고 여호와 신앙을 꺾으려는 집요한 박해만이 기다리고 있었
습니다. 참으로 힘든 상황이었습니다.

몇 해 전(2019년)에 "말모이"라는 영화를 보았습니다. 이것은 일제
강점기를 배경으로 한 영화로서 170만 명이 넘는 관객이 관람했습니
다. 이 영화는 역사적으로 조선어학회사건을 배경(사전편찬을 위해 참
여한 108명 발기인 중 33명이 내란죄로 기소되고, 2명이 옥중 사망

하고, 12명이 공판에 넘어간 사건)으로 하고 있습니다. 내용을 보면 1940년 우리말이 점점 사라지는 경성에서 조선어학회 대표 정환과 극장에서 해고된 후 정환의 가방을 훔치려다 실패한 까막눈 판수 그리고 조선어학회 회원들이 모여 일제의 집요한 방해에도 불구하고 전국의 우리말을 모아 「우리 말 큰 사전」을 만드는 과정을 생생하고 감동 있게 그리고 있습니다. "말모이"를 본 많은 관객은 일제 암울한 시대, 우리 말이 사라지고 강제로 창씨개명을 하고, 우리나라에서 우리말을 쓰고 배우지도 못했던 과거의 참담했던 상황을 생각하면서 눈물을 흘렸습니다.

느브갓네살 왕은 유다의 귀족 포로 중에서 제국의 지도자들을 기르기 위해 영재사관학교에 입학시켰는데, 그중에 다니엘과 세 친구도 입학했습니다. 환관장(내시의 우두머리인 아스부나스)은 그들에게 갈대아 사람들의 학문과 언어를 가르치고 철저히 바벨론 백성으로 만들려고 했습니다. 그 당시 바벨론은 세계의 중심지였고, 국제적 도시였으며, 학문의 전당이었습니다. 그들에게 왕실의 음식과 포도주가 주어졌습니다. 이것은 대단한 특혜였습니다.

유대인의 포로들을 바벨론에 동화시키고자 이름도 바벨론 식으로 고쳤습니다. "환관장이 그들의 이름을 고쳐 다니엘은 벨드사살이라 하고 하나냐는 사드락이라 하고 미사엘은 메삭이라 하고 아사랴는 아벳느고라 하였더라"(7). 다니엘(하나님은 나의 재판관이시다)은 벨드사살(바벨론의 수호신), 하나냐(하나님은 은혜로우시다)는 사드락(바벨론의 여신), 미사엘(하나님과 같은 이가 누구인가)은 메삭(아쿠와 같은 이가 누구인가), 아사랴(여호와께서 도우셨다)는 아벳느고(바벨론 신 느고의 종)로 개명을 했습니다. 참되신 하나님과 연관된 이름을 다 우상과 연관된 이름으로 바꾸어 놓았습니다. 참으로 안타깝고 참담한 현실이었습니다.

'굴복할 것인가, 말 것인가?' 이것이 다니엘과 세 친구가 뜻을 정할 때의 마음이었습니다. 세속적인 바벨론 제국의 문화에서 포로로 끌려간 다니엘과 세 친구가 하나님 앞에서 뜻을 정할 때 그들에게는 선택의 여지가 없었습니다. 사실 굴복하는 것이 당연한 시대였습니다. 그냥 그렇게 사는 것이 현명하게 사는 방법이었습니다. 아무도 그런 결정에 돌을 던질 사람이 없었습니다. 그러나 다니엘과 세 친구는 굴복하지 않기로 했습니다. "다니엘은 뜻을 정하여 왕의 음식과 그가 마시는 포도주로 자기를 더럽히지 아니하리라 하고 자기를 더럽히지 아니하도록 환관장에게 구하니"(8).

당시 바벨론 왕의 음식 가운데는 말고기, 돼지고기 등과 같이 유대 율법에서 금하는 음식들이 포함되어 있었고, 포도주는 바벨론 신에게 바친 후 마셨습니다. 그러므로 다니엘과 친구들은 뜻을 정하여 그러한 음식으로 '자기를 더럽히지 않겠다'고 했습니다. 이것은 포로로서 대단히 위험한 결정이었지만, 하나님 앞에서 거룩한 뜻이었습니다.

세계적인 코로나19 팬데믹 현상으로 우리는 신앙과 예배가 많이 위축된 어려운 시대를 살고 있습니다. 성경은 전염병을 하나님의 심판의 도구로 묘사하고 있습니다. 세상의 관점이 아닌 하나님의 관점으로 현재의 고난을 묵상할 필요가 있습니다. 그러므로 지금 우리에게 중요한 질문은, "하나님의 거룩한 뜻이 무엇인가?"입니다. 세상이 옳다고 해도 하나님 앞에서 다 옳은 것은 아닙니다. 세상과 구별되고 하나님께 속한 거룩한 뜻을 정합시다. "너희는 이 세대를 본받지 말고 오직 마음을 새롭게 함으로 변화를 받아 하나님의 선하시고 기뻐하시고 온전하신 뜻이 무엇인지 분별하도록 하라"(롬 12:2).

2. 거룩한 뜻을 정하기

코로나19로 인해 어려운 시대지만, 다니엘처럼 거룩한 뜻을 정하고 삽시다. 그 거룩한 뜻을 다시 한번 확인해봅시다. 이것이 알곡과 쭉정이를 나누는 것 같은 이 어려운 시대에 다니엘과 그의 친구들처럼 승리하는 비결입니다. 그러면 하나님 앞에서의 거룩한 뜻은 어떤 특징을 가지고 있을까요?

첫째, 하나님께 초점을 맞춥니다. 다니엘과 세 친구의 거룩한 뜻은 자신의 욕심이나 야망에서 나온 것이 아닙니다. 어차피 나라는 망했고, 바벨론 천지가 되었습니다. 함께 포로로 잡혀 온 많은 젊은이들은 영재사관학교에서 느브갓네살에게 잘 보여 좋은 자리를 얻기 위해 노력했을 것입니다. 그러나 다니엘과 세 친구는 이러한 출세나 야망을 이루기 위한 뜻이 아니라, 하나님을 기쁘시게 하는 뜻을 세웠습니다. 그것은 하나님 말씀에 어긋나는 왕의 음식과 우상에게 바쳐진 포도주로 자기를 더럽히지 않겠다는 것입니다. 이것은 하나님께 초점을 맞춘 뜻입니다. 이것이 거룩한 뜻입니다.

둘째, 세상에 대해 도전적입니다. 거룩한 뜻은 거룩하여서 세상의 흐름과 역행하는 것입니다. 세상의 흐름에 거슬러 올라갑니다. 그래서 도전적입니다. 세상의 사상은 하나님의 뜻에 절대 우호적이지 않습니다. 하나님의 뜻을 거스르고 반대하고 심지어 하나님의 뜻을 이루지 못하도록 방해합니다. 그러므로 거룩한 뜻을 정하고 실천하기는 절대 쉽지 않고, 세상에 대해 도전적인 삶을 살게 되어 있습니다. 십자가를 지는 것 같은 고생일 수 있습니다. 그러나 강을 거슬러 올라가는 살아 있는 물고기처럼 힘들지만, 살아 있음을 느낍니다.

다니엘과 세 친구의 거룩한 뜻은 세속적인 바벨론 세상을 향한 영적 도전이었습니다. "환관장이 다니엘에게 이르되 내가 내 주 왕을 두려워하노라 그가 너희 먹을 것과 너희 마실 것을 지정하셨거늘 너희의 얼굴이 초췌하여 같은 또래의 소년들만 못한 것을 그가 보게 할 것이 무엇이냐 그렇게 되면 너희 때문에 내 머리가 왕 앞에서 위태롭게 되리라 하니라"(10). 다니엘의 거룩한 뜻은 다니엘뿐 아니라 그의 관리를 담당했던 책임자, 환관장의 생명도 위태롭게 하는 위험한 도전이었습니다. 언제나 거룩한 뜻은 이렇게 세상을 향해 도전적입니다.

셋째, 믿음으로 그 뜻을 정합니다. 거룩한 뜻을 갖는다는 것은 세상을 지배하는 세상의 신 사탄의 박해와 반대가 크기 때문에 사실 위험합니다. 그러므로 이를 극복하고 이기는 믿음과 그 믿음에서 나오는 용기가 필요합니다. 하나님을 절대적으로 신뢰하고 의지하는 믿음이 없다면, 절대로 우리는 이러한 위험하고 어려운 거룩한 뜻을 세울 수도, 이룰 수도 없습니다. 다니엘과 세 친구는 살아계신 하나님을 믿었고 담대히 뜻을 세우고 밀고 나갔습니다. "우리를 열흘 동안 시험하소서"(11-13). 이것은 자신의 미래와 생명까지 온전히 살아계신 하나님께 맡기는 믿음의 고백인 것입니다. 오직 채식과 물을 먹어도 주의 은혜로 다른 어떤 소년들보다 얼굴이 좋을 것이라는 믿음의 확신입니다. 다니엘과 세 친구의 거룩한 뜻은 바로 이 믿음에서 나온 것입니다. 믿음이 바로 거룩한 뜻을 만들어냅니다.

넷째, 거룩한 뜻을 정하면 하나님께서 도우십니다. 거룩한 뜻에는 반드시 하나님의 도움이 있습니다. 이것을 보면 내 욕망에서 나온 내 뜻인지, 하나님으로부터 온 거룩한 뜻인지 구별할 수 있습니다. "하나님이 다니엘로 하여금 환관장에게 은혜와 긍휼을 얻게 하신지라 그가 그들의 말을 따라 열흘 동안 시험하더니 열흘 후에 그들의 얼굴이 더욱 아름답고 살이 더욱 윤택하여 왕의 음식을 먹는 다른 소년들보다 더 좋아 보인지라 그리하여 감독하는 자가 그들에게 지정된 음식과 마실 포도주를 제하고 채식을 주니라"(9, 14-16). 환관장은 다니엘과 세 친구들에게 하나님께서 함께하심을 보았습니다. 그리고 다니엘과 세 친구는 하나님께서 참으로 거룩한 뜻을 정하고 하나님을 의지하는 그들과 함께하시는 것을 경험했습니다.

이것이 참다운 기독교 영성입니다. 하나님을 경험하는 것, 이것이 기독교 영성의 핵심입니다. 거룩한 뜻을 정하고 믿음으로 나가면 하나님께서 함께하시고, 돕고, 인도하시는 것을 경험하게 됩니다. "하나님은 나를 돕는 이시며 주께서는 내 생명을 붙들어 주시는 이시니이다"(시 54:4).

다섯째, 거룩한 뜻은 반드시 하나님의 축복이 있습니다. 거룩한 뜻은 영적인 것이며, 하나님으로부터 오는 것입니다. 그러므로 반드시 이루어집니다. 반드시 좋은 열매가 있습니다. 하나님의 축복이 있습니다. 그래서 이 거룩한 뜻이 이루어질 때, 정말 행복한 인생이 됩니다. 하나님의 축복을 누리는 후회 없는 행복한 인생, 이것은 거룩한 뜻을 세우고 나아가는 하나님의 사람이 받는 축복입니다. "하나님이 이 네 소년에게 학문을 주시고 모든 서적을 깨닫게 하시고 지혜를 주셨으니 다니엘은 또 모든 환상과 꿈을 깨달아 알더라 왕이 말한 대로 그들을 불러들일 기한이 찼으므로 환관장이 그들을 느부갓네살 앞으로 데리고 가니 왕이 그들과 말하여 보매 무리 중에 다니엘과 하나냐와 미사엘과 아사랴와 같은 자가 없으므로 그들을 왕 앞에 서게 하고 왕이 그들에게 모든 일을 묻는 중에 그 지혜와 총명이 온 나라 박수와 술객보다 십 배나 나은 줄을 아니라"(17-20).

죽을 줄 알았는데, 살았습니다. 실패할 줄 알았는데, 성공했습니다. 그저 타국에서 고달픈 노예 생활을 할 사람들이 하나님께 인정받고, 세상에서도 인정받는 복된 사람들이 되었습니다. 이것이 하나님 앞에서 거룩한 뜻을 정한 믿음의 사람들이 받은 진정한 축복입니다.

코로나19 팬데믹 현상으로 인해 함께 모여서 예배하기 힘든 시대입니다. 그래서 많은 성도의 예배가 흔들리고 마음이 점점 교회에서 멀어지고 있습니다. 지금이 신앙의 알곡과 쭉정이를 구별하는 때이기도 합니다. 하나님께 인정받는 다니엘과 세 친구와 같은 알곡 성도가 됩시다. 그러기 위해 하나님 앞에서 거룩한 뜻을 정하는 것이 중요합니다. 그 뜻이 우리를 인도합니다. 우리의 미래를 결정하고 우리의 운명을 바꿉니다. 다니엘과 세 친구는 정말 암울한 현실 속에서 신앙의 양심을 따라 거룩한 뜻을 정하고 믿음으로 나아감으로 하나님께 인정받고 세상 사람들에게도 인정받는 참된 축복의 사람이 되었습니다. 세상에 굴복하지 맙시다. 하나님을 범사에 인정합시다. 주님께서 우리를 인도하십니다.

묵상을 위한 질문

❶ 당신은 직장이나 학교 혹은 사회생활 가운데 신앙적인 갈등을 해 본 적이 있습니까?

❷ 하나님 앞에서 거룩한 뜻은 어떤 특징을 가지고 있습니까?

❸ 코로나19로 인해 어려운 시대지만, 당신이 하나님 앞에서 정한 거룩한 뜻은 무엇입니까?

19
믿음으로 우선순위를 바꾸자

(요한복음 4장 46-54절)

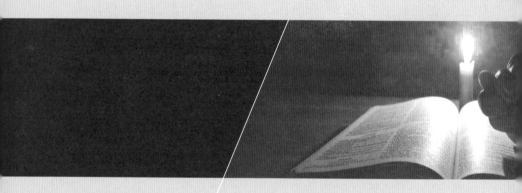

어느 백화점에 도둑이 들어왔습니다. 비상벨이 울리자 경비원들이 출동했습니다. 결국 도둑은 붙잡혔습니다. 그런데 아무리 살펴봐도 훔친 물건이 보이지 않았습니다. 진열대에 있던 물건도 모두 제자리에 있었습니다. 백화점에 무단 침입했던 도둑은 죄가 없어 잠시 후 풀려났습니다. 그런데 다음 날 백화점에 큰 소동이 일어났습니다. 상품에 붙은 가격표가 모두 바뀌었던 것입니다. 천 원짜리가 백만 원이 돼 있기도 하고 천만 원짜리가 고작 몇천 원에 팔리기도 했습니다. 소문이 삽시간에 퍼졌습니다. 순식간에 엄청난 사람들이 몰려왔고 백화점은 결국 망하고 말았습니다.

이런 사건이 실제로 일어난 것은 아닙니다. 우리가 살아가는 지금의 사회 모습을 풍자한 이야기입니다. 이 이야기에 주목하는 것은 무언가가 바뀌었을 때 일어나는 일련의 문제와 파장입니다. 이러한 일들이 지금 이 시대에 너무나 흔하게 일어나고 있다는 것에 주의해야 합니다. 어쩌면 이 시대 가장 큰 도둑은 눈에 보이는 돈이나 물건을 훔쳐가는 도둑이 아닙니다. 도리어 우리의 가치관을 송두리째 바꾸고 뒤집어 놓는 도둑이 더 무서운 도둑입니다.

한편 요즘은 좀 더 특별한 시대적인 상황이 펼쳐지고 있습니다. 코로나19로 인한 팬데믹 현상으로 우리나라뿐만 아니라 전 세계 많은 나라가 여러 방향에서 의식적이든 무의식적이든 변화에 동참하며 바뀌고 있는 실정입니다. 어떻게 변할지 예측되는 부분이 있는가 하면 도무지 예측할 수 없는 부분도 있기에 혼란스럽기만 합니다. 시대적인 상황으로 보았을 때 코로나19가 시대적인 흐름 속에서 또 다른 형태의 모습으로 무서울 정도로 크고 광범위하게 가치관을 바꾸고, 삶을 바꾸고, 시대를 바꾸고 있지 않나 싶습니다.

코로나19가 전 지구촌을 강타하면서 많은 사람의 사고와 각종 사회적인 시스템이 한 순간에 바뀌고 있습니다. 또 바뀌어야 한다고 난리입니다. 팬데믹 상황의 위력이 이렇게 막강하다는 것을 피부로 절감하는 이 시대에 이런 팬데믹 상황과 맞물려 있는 지금 이 시대 하나님의 사람은 과연 어떤 모습일까요? 하나님의 말씀으로 바뀌었습니까? 견고한 믿음으로 바뀌었습니까? 새로운 피조물로 바뀌었습니까? 시대적인 흐름을 볼 때 이 시대는 말씀의 권위가 땅에 떨어진 시대입니다. 경건하고 아름다운 신앙이 무시되는 시대입니다. 최고가 되기 위해 바벨탑을 쌓으려고 혈안이 된 시대입니다. 문화라는 미명 아래 온갖 부조리가 성행하는 시대입니다. 시대적으로 이 시대를 정의하면 이렇습니다. 돈, 권력, 명예, 교육, 인기, 성공, 건강 등이 최고의 가치가 되어버린 시대입니다.

한마디로 손에 잡히고 눈에 보이는 돈과 권력과 명예와 교육과 인기와 성공과 건강이 최고의 가치가 되어버린 시대라고 정의할 수 있습니다. 지극히 세속적이고 탐욕스러운 시대가 아닐 수 없습니다. 역사의 거대한 흐름으로 물들어 가는 이런 시대에 그리스도인들은 어떻게 살아야 할까요? 믿음을 바로 세우며 살아야 하지 않겠습니까? 믿음의 소중함을 의식하며 살아야 하지 않겠습니까? 믿음을 우선순위에 두고 살아야 하지 않겠습니까? 돈, 권력, 명예, 교육, 인기, 성공, 건강이 중요하지 않다는 말이 아닙니다. 그런 것들이 필요 없다는 말이 아닙니다.

이러한 것들보다 더 우선적인 것이 있어야 한다는 말입니다. 바로 믿음을 앞세워야 한다는 말입니다. 믿음이 우선되어야 한다는 말입니다.

본문에 등장하는 왕의 신하는 지극히 세속적인 사람이었습니다. 그의 위치가 그것을 말해줍니다. 그도 돈, 권력, 명예, 교육, 인기, 성공, 건강 등을 우선시하며 살았을 것입니다. 그런데 그의 아들의 죽을병으로 인해 그의 우선순위가 한순간에 바뀌게 됩니다. 그래서 이전에는 상상도 하지 못했던 일들이 벌어집니다. 절망하고 한숨 쉬었던 고통스러움이 희망과 기쁨으로 탈바꿈하게 됩니다. 결국 예수님을 구세주로 믿는 믿음을 소유하게 되었을 뿐만 아니라 온 가족이 믿는 경사가 일어나게 되었습니다. 그렇다면 왕의 신하의 모습을 통해 볼 때 믿음으로 우선순위가 바뀌면 나타나는 반응은 무엇일까요?

1. 간절히 간구하게 됩니다.

"왕의 신하가 있어 그의 아들이 가버나움에서 병들었더니 그가 예수께서 유대로부터 갈릴리로 오셨다는 것을 듣고 가서 청하되 내려오셔서 내 아들의 병을 고쳐주소서 하니 그가 거의 죽게 되었음이라"(46-47). "신하가 이르되 주여 내 아이가 죽기 전에 내려오소서"(49). 왕의 신하는 그 당시에 고급관리였습니다. 힘 있는 권력자였습니다. 부족함이 없는 재산가였습니다. 그기에 그는 늘 당당하게 살았고, 부족함을 전혀 느끼지 못하는 풍성하고 여유로운 삶을 살았을지도 모릅니다. 이런 그가 어느 날 갈릴리와 유대를 넘나들며 기적을 베푸시는 예수님에 대해 소문을 듣기 시작합니다. 하지만 그에게 예수님의 존재는 그저 그런 무의미한 존재에 불과했습니다. 특별히 관심 갖거나 마음에 담아 둘 만한 존재가 아니었습니다. 그냥 스쳐 지나가는 감흥 없는 이야기밖에는 되지 못했습니다. 아주 멀리 있는 다른 나라의 다른 사람의 이야기로만 들렸을 뿐이었습니다.

그런데 어느 한순간 갑자기 그의 아들이 병들게 되었습니다. 그의 아들의 병은 하루가 다르게 점점 더 깊어지고 병세는 악화만 되었습니다. 약을 먹어도 소용이 없었고 의사들은 희망이 없다고 말했습니다. 죽음을 향해 맥없이 걸어가는 안타까운 형국이 되고 말았습니다. 누구도 어찌할 수 없는 지경에 이르고 말았습니다. 병들어 죽어가는 아들의 모습을 보며 왕의 신하는 과연 어떤 심정이었을까요? 차라리 자신이 대신 죽을 수만 있다면 그래서 '아들을 살릴 수만 있다면 무엇을 하지 못하겠는가'라는 처절한 마음을 갖지 않았을까요? 지푸라기라도 잡을 수만 있다면 그것을 잡고서라도 방법을 찾기 위해 몸부림치지 않았을까요? 온 사방을 다니며 아들을 살려내기 위해 좋다는 약, 효과 있다는 처방, 이 소리 저 소리에 마음을 기울이지 않았을까요?

이렇게 고통스러울 때 문득 예수님이 갈릴리와 유대에서 놀라운 기적을 베푸셨다는 사실을 떠올리기 시작합니다. '그래 맞아. 예수님이 계셨지. 그래 바로 그거야. 예수님께 부탁하면 되겠구나.' 믿음이 생기기 시작했습니다. 전에는 상상도 하지 못할 믿음이 생긴 것입니다. 예수님을 만나야겠다는 믿음이 자라기 시작한 것입니다. 가버나움에서 가나로 단숨에 달려갈 수 있는 믿음이 생긴 것입니다. 가버나움에서 가나까지의 거리는 약 34Km 정도의 거리로 걸어서 8시간 정도의 거리입니다. 8시간을 단숨에 걸어갔다는 말입니다. 그런 간절한 믿음이 있었기에 그는 예수님을 만나자마자 간구하기 시작합니다. "내 아들의 병을 고쳐 주소서"(47), "주여 내 아이가 죽기 전에 내려오소서"(49).

믿음으로 우선순위가 바뀌면 제일 먼저 나타나는 반응은 왕의 신하처럼 예수님께 간절하면서도 끈질기게 간구하게 된다는 것입니다. 오로지 전지전능하신 분께 집중하는 삶으로 바뀌게 됩니다. 다시 말해 믿음으로 우선순위가 바뀌면 병을 위해 기도하게 됩니다. 문제를 위해 기도하게 됩니다. 삶을 위해 기도하게 됩니다. 환경을 위해 기도하게 됩니다. 교회를 위해 기도하게 됩니다. 가정을 위해 기도하게 됩니다. 이웃을 위해 기도하게 됩니다.

2. 말씀을 담대히 신뢰하게 됩니다.

"예수께서 이르시되 가라 네 아들이 살아 있다 하시니 그 사람이 예수께서 하신 말씀을 믿고 가더니"(50). 왕의 신하가 간절하게 간구했을 때 왕의 신하에게 들린 놀라운 말씀은 아들이 살아 있다는 응답이었습니다. '네 아들이 살아 있다'는 말은 '몸이 회복 되어 건강하게 되었다'는 말입니다. 얼마나 놀라운 말씀입니까. 믿기 어려울 정도의 확신에 찬 말씀이 아닙니까? 한편으로는 신뢰하기 어려운 말씀입니다. 너무 황당한 말씀입니다. 그럼에도 불구하고 왕의 신하였던 이 아들의 아버지는 이 말씀을 듣고 담대하게 집으로 향합니다. 여기에는 더 이상의 의심이나 불안이 없습니다. 근심이나 불신도 없습니다. 걱정이나 염려도 없습니다. 이것은 너무나 귀한 행동입니다. 흔치 않은 놀라운 행동입니다. 따라 하기 힘든 행동입니다.

어떻게 이런 행동을 할 수 있었을까요? 예수님에 대해 아는 것이 많지 않았을 텐데 무슨 생각으로 이런 행동을 할 수 있었을까요? 보이는 것도 없고, 결과도 확인할 수 없는 상황임에도 불구하고 어떻게 이런 행동을 할 수 있었을까요? 그것은 한마디로 예수님을 신뢰하는 전적인 확신이 있었기에 가능한 일이었습니다. 담대한 신뢰가 결국 이런 행동으로 이어졌던 것입니다. 21세기를 살아가는 현대 그리스도인들에게도 이런 신뢰가 필요합니다. 예수님을 향한 절대적인 신뢰가 요구됩니다. 신뢰하는 척이 아니라 전폭적으로 신뢰해야 합니다. 그리스도인이 되었다는 것이 얼마나 특별한 일인지 정녕 안다면 길이요 진리요 생명 되신 예수님을 신뢰한다는 것은 지극히 합당한 일입니다.

이제 왕의 신하는 더 이상 주님께 간구하지 않습니다. 애원하지도 않습니다. 끈질기지도 않습니다. 이것은 예수님을 전적으로 신뢰한다는 것을 나타냅니다. 이런 행동으로 보았을 때 병든 아이의 아버지는 예수님을 위대한 치료자로 인식했던 것입니다. 위대한 구원자로 인정했던 것입니다. 위대한 전능자로 이해했던 것입니다. 그러기에 눈으로 볼 수 없었고, 손으로 만질 수 없었고, 귀로 들을 수 없었지만 믿고 집으로 돌아갔던 것입니다. 사람들은 보통 어떤 대상과 사건에 대해 손으로 만져봐야 신뢰합니다. 눈으로 보아야 신뢰합니다. 귀로 들어야 신뢰합니다. 이것은 현실적인 상황에서 지극히 올바른 일입니다. 하지만 그리스도인들은 달라야 합니다. 왕의 신하처럼 예수님을 위대한 치료자, 위대한 구원자, 위대한 전능자로 신뢰해야 합니다.

왕의 신하였던 이 아이의 아버지는 전적으로 예수님의 말씀을 신뢰하며 집으로 돌아갔습니다. 그에게 마음의 확신이 없었다면 어떻게 이런 행동을 할 수 있었겠습니까? 확신에 찬 신뢰로 놀라운 행동을 보여줍니다. 인간적인 생각이나 의식을 뛰어넘는 담대한 신뢰가 무엇인지 의연하게 보여줍니다. 마찬가지로 오늘 이 시대 그리스도인들도 예수님의 말씀을 신뢰해야 합니다. 전적으로 신뢰하고 따라야 합니다. 믿음으로 우선순위가 바뀌면 그 다음으로 나타나는 반응은 예수님의 말씀을 담대히 신뢰하게 된다는 것입니다.

3. 자기와 온 집안에 절대적인 믿음이 생깁니다.

"내려가는 길에서 그 종들이 오다가 만나서 아이가 살아 있다 하거늘 그 낫기 시작한 때를 물은즉 어제 일곱 시에 열기가 떨어졌나이다 하는지라 그의 아버지가 예수께서 네 아들이 살아 있다고 말씀하신 그때인 줄 알고 자기와 그 온 집안이 다 믿으니라"(51-53). 어느 날 갑자기 이 아이의 아버지에게 말할 수 없는 처참한 근심이 몰려왔습니다. 걱정이 몰려왔습니다. 아픔이 몰려왔습니다. 불안이 몰려 왔습니다. 별별 방법을 다해 보아도 해결할 방법이 없었습니다. 그러던 중에 예수님을 만났습니다. 그리고 예수님께 간구했습니다. 예수님의 말씀을 듣고 예수님의 말씀을 신뢰하며 집으로 돌아오는 중에 아들이 건강하게 회복되었다는 소식을 듣게 됩니다.

이 아이의 아버지는 이 소식을 듣자마자 얼마나 기뻤을까요? 얼마나 가슴을 쓸어내리며 안도했을까요? 얼마나 감격하고 감사했을까요? 이에 이 아이의 아버지는 집에 돌아와 이런 일련의 과정들을 가족들에게 알려주고 설명했을 것입니다. 가족들은 이러한 과정들을 들으며 한편으로는 이해가 되지 않았지만 다른 한편으로는 현실적으로 드러난 치료 사건으로 인해 무한히 감사하며 기뻐했을 것입니다. 그리고 앞으로 어떻게 살아야 할지 진지하게 고심했을 것입니다. 그래서 결과적으로 나타난 것이 "자기와 그 온 집안이 다 믿으니라"(53)와 같이 가족이 다 믿는 구원의 역사가 일어난 것입니다.

한 아이의 아버지로서, 한 가정의 가장으로서, 한 왕의 신하로서 예수님을 믿을 뿐만 아니라 한 가족 전체가 예수님을 믿게 되는 경사가 생기게 된 것입니다. 이토록 한 사람의 절대적인 믿음이 중요합니다. 한 사람의 절대적인 믿음으로 말미암아 그 주변의 친구가 구원받을 수 있습니다. 막연하게 알고 지내던 사람이 구원받을 수 있습니다. 남편이나 또는 아내가 구원받을 수 있습니다. 온 집안 식구들이 믿는 믿음의 가정이 될 수 있습니다. "이르되 주 예수를 믿으라 그리하면 너와 네 집이 구원을 받으리라 하고"(행 16:31). 한 가정의 가장의 우선순위가 믿음으로 바뀌면 결과적으로 나타나는 반응은 자기와 온 집안 식구들이 예수님을 절대적으로 믿을 기회가 생기게 된다는 것입니다. 따라서 그 한 사람의 믿음으로 인해 온 집안 식구들은 그 어떤 것에도 흔들리지 않는 담대함이 생깁니다. 지적으로 이해되지 않아도 믿어지게 되고 온몸으로 깨달아지고 믿어집니다. 그것은 놀라운 반응이자 신비한 경험이 아닐 수 없습니다. 그렇게 이어진 아름다운 결과는 결국 가정 복음화로 이어집니다. 한 사람의 믿음으로 가정이 복을 받는 엄청난 일이 벌어지게 되는 것입니다.

그리스도인들은 지금의 엄중한 코로나19의 팬데믹 현실을 통해 믿음을 갖는다는 것이 얼마나 어려운지 절감하는 시대를 살아가고 있습니다. 코로나19가 전 세계적으로 유행하고 있다 보니 복음전파에도 막대한 지장이 발생하고 있습니다. 예배의 모임이 자유롭지 못하고, 그리스도인들의 정상적인 신앙 활동들이 엄격한 제한을 받는 시대적 환경이 되어버렸습니다. 더군다나 이러한 암울한 현상과 함께 시대적인 변화에 따라 세상이 점점 더 삭막해지다 보니 눈에 보이고, 손으로 만지고, 귀에 들려야 믿는 시대로 더욱더 굳어져 가고 있는 상황이 안타까울 뿐입니다.

2000년 전 예수님께서 이 땅에 계실 때나 우리가 살고 있는 21세기나 변하지 않는 사실 하나가 있습니다. 그것은 인간이 믿음을 갖기가 결코 쉽지 않다는 것입니다. 청함 받은 자는 많은데 택함 받은 자는 소수라는 데 신비함이 있습니다. 그럼에도 불구하고 시대를 뛰어넘어 믿음의 사람들은 언제나 있었습니다. 이것은 엄연한 사실입니다. 지금 이 순간에도 믿음을 앞세우고, 믿음으로 우선순위가 바뀌는 놀라운 일들이 지구촌 구석구석에서 여전히 일어나고 있음을 확신합니다. 어떻게 이런 확신을 가질 수 있을까요? 그 이유는 코로나19의 여파로 시대가 제아무리 혼란스러울지라도 하나님의 역사는 언제 어디서나 일어나고 있기 때문입니다.

왕의 신하는 나름대로 별다른 문제없이 살았던 사람입니다. 죽을병에 걸린 아들만 아니었다면 말입니다. 세상에서 출세하고 떵떵거리고 큰소리치며 허영과 위선으로 살았을지도 모를 일이었습니다. 그 어떤 누군가가 그 어떤 말을 할지라도 듣지 않을 정도의 고집과 자부심이 있었을지도 모릅니다. 하지만 아들의 죽을병으로 인해 생각이 달라지고, 시각이 달라지며, 삶이 달라지는 변화를 경험합니다. 한마디로 아들을 통해 놀라운 변화를 경험합니다. 이런 변화의 중심에 믿음이 있었습니다. 믿음으로 우선순위가 바뀌는 변화가 있었습니다. 왕의 신하처럼 그리스도인들도 우선적으로 믿음을 앞세우고 믿음으로 행동하는 믿음의 사람으로 쓰임 받았으면 합니다. 이것이야말로 팬데믹 시대에 믿음의 사람들이 보여주어야 할 확실하고도 분명한 모습 아니겠습니까?

묵상을 위한 질문

❶ 사람은 누구에게나 간절함이 있습니다. 당신에게는 어떤 간절함이 있습니까?

❷ 하나님의 말씀을 신뢰한다는 것은 쉬운 일이 아닙니다. 당신은 하나님의 말씀을 신뢰하고 있습니까? 당신이 지금 특별히 신뢰하고 있는 말씀은 무엇입니까?

❸ 당신의 가정 복음화는 어떻습니까? 가정 복음화를 위해 당신이 할 수 있는 것은 무엇입니까?

20
부르짖어 기도하자

(예레미야 33장 1-3절)

코로나19로 인하여 전 세계가 충격을 받고 고통 속에서 매일 매일 사투를 벌이고 있는 시점에 우리는 살고 있습니다. 우리의 상황도 하루하루 긴장을 늦출 수 없는 상황이지만 지금 인도의 경우에는 하루 코로나 확진자가 30만 명을 넘어서서 국가 비상상황에 처한 적도 있습니다. 사망자의 수가 연일 폭증하여 장례를 제대로 치르지도 못하고 길거리에서 시체를 소각하는 일들이 계속 이어지고 있습니다.

인도뿐만 아니라 지구촌 곳곳에서 엄청난 재앙으로 인하여 통곡소리가 들려오고 있는 상황입니다. 교회도 코로나로 인하여 많은 변화가 일어나고 있습니다. 성도들이 함께 모여 찬양하고 기도하며, 하나님께 예배드리던 일들이 이제는 평범한 일상이 아니라 특별한 일이 되었습니다. 이와 같은 상황이 갑자기 찾아오리라고 생각한 사람은 많지 않았습니다. 그러나 현실이 되었습니다. 그렇다면 광풍이 대작하듯 우리에게 갑자기 찾아온 코로나와 같은 환난 속에서 그리스도인은 누구를 믿고 의지하며, 신앙생활 속에서 어떻게 올바른 신앙의 자세를 갖고 이 위기를 극복해야 할까요?

오늘 본문을 통하여 우리는 여호와 하나님의 약속을 믿고, 하나님께서 가르쳐 주시는 방법으로, 이 시대의 난국을 극복해 나가는 방법을 찾아야 하겠습니다. 오늘의 설교 본문 속에서 이스라엘의 하나님은 땅을 비롯한 우주 만물을 창조하신 분이요, 창조세계에 속한 모든 것을 빚어 제자리에 세우시는 분이라고 말씀하십니다. 하나님은 예레미야에게 자신을 향해 부르짖으라고 명하시며, 그의 부르짖음에 응답하시되 그가 알지 못하는 크고 은밀한 일을 보여주겠다고 약속하셨습니다.

이스라엘 민족의 최대의 위기 속에서 주신 하나님의 약속입니다.

하나님은 간절한 마음으로 자신에게 부르짖는 사람은 누구든지 외면하지 않고 응답을 주시겠다고 약속하셨습니다. 그러므로 코로나 시대에 살고 있는 우리는 하나님의 말씀을 통하여 그동안 애써서 형성한 기도의 영성, 금식의 영성을 회복하여 이러한 총체적 난관을 극복해야만 합니다. 고통과 절망 가운데에서도 긍휼과 자비를 베푸시며 강한 능력의 팔로 인도하시는 전능하신 하나님은 우리에게 기도하라고 말씀하십니다. 이것이 하나님께서 우리에게 주시는 해결방법입니다. 그리스도인은 하나님의 방법으로 인생의 문제를 해결해야 하는 사람들입니다. 우리가 부르짖어 기도할 때에 하나님과의 관계가 회복될 것이며, 성도와 이웃과의 관계도 치유되고 회복될 것이며, 이 시대의 문제도 해결 받게 될 것입니다. 성경이 말하는 위기 극복의 방법은 무엇일까요?

1. 일을 행하시는 여호와께 부르짖어야 합니다.

본문 2절에 "일을 행하시는 여호와"라는 말씀은 하나님이 창조주로서, 만드시고 창조하신 분이라는 의미를 내포하고 있습니다. 이 의미는 모든 주권이 하나님께 있다는 의미이기도 합니다. 특히 "일을 행하시는 여호와"라는 말씀의 원어상의 의미를 살펴보면 '땅을 만드신 여호와'라는 의미로 직역할 수 있습니다. 땅이 가지고 있는 의미는 모든 창조물의 근본이라 할 수 있습니다. 인간도 흙으로 창조되었습니다. 즉 하나님께서 근본이 되는 땅을 만드셨다는 것은 모든 만물을 창조하신 분으로서 그것을 다스리시고 관리하시는 절대적인 주권을 가지신 분이라는 것을 보여줍니다. 인간 실존의 문제를 근본적으로 해결하실 수 있는 분이라는 뜻도 되겠습니다.

하나님은 인간을 살아 있는 영적 존재로 만드셨습니다. 또 하나님의 성품을 닮게 하셨으며 영적 관계를 지속적으로 이어가기 원하시는 분이십니다. 지금과 같은 환난의 때에 가장 시급한 것은 하나님과의 관계회복입니다. 하나님과의 관계가 깨지고, 인간의 교만과 욕심의 결과로 인류에게 재앙의 시대가 도래한 것입니다. 그러므로 천지를 창조하시고 만물을 조성하신 전능하신 하나님을 경외하며, 자신의 잘못을 인정하고 겸손히 나아가 하나님 앞에서 죄를 고백하고 회개함으로 상실된 인간성을 회복하고, 하나님께서 창조하신 본래 형상을 회복하는 길이 살길입니다. 인간은 하나님을 떠나서는 아무것도 할 수 없는 존재입니다. "나는 포도나무요 너희는 가지라 그가 내 안에 내가 그 안에 거하면 사람이 열매를 많이 맺나니 나를 떠나서는 너희가 아무것도 할 수 없음이라"(요 15:5).

유다 백성들은 예레미야 선지자를 통하여 선포된 하나님의 말씀을 듣고도 불순종함으로써 하나님과의 영적 관계가 단절되었고, 이에 따른 재앙과 심판을 자초하게 되었습니다. 하나님은 우주 만물이 하나님의 창조질서와 법칙대로 움직이기를 원하십니다. 이런 하나님을 철저히 신뢰하고, 관계의 회복을 위하여 인간이 할 수 있는 일은 말씀 앞에 무릎을 꿇고 여호와께 부르짖어야 합니다. 자신의 죄성과 연약함을 하나님 앞에 내려놓아야 합니다.

그리고 나 자신을 만드시고, 인도하시는 여호와께 부르짖을 때 하나님의 긍휼과 자비를 통하여 치유와 회복을 경험하게 될 것입니다. "너희가 내 안에 거하고 내 말이 너희 안에 거하면 무엇이든지 원하는 대로 구하라 그리하면 이루리라"(요 15:7). "그러므로 내 사랑하는 형제들아 견고하며 흔들리지 말며 항상 주의 일에 더욱 힘쓰는 자들이 되라 이는 너희 수고가 주 안에서 헛되지 않은 줄을 앎이니라"(고전 15:58). 모든 만물의 근본이시고, 창조주이시며, 구원을 베푸시는 하나님께 부르짖을 때 치유와 회복의 역사가 일어나는 것입니다.

2. 일을 성취하시는 여호와께 부르짖어야 합니다.

인간의 생사화복을 주장하시는 분은 여호와 하나님이십니다. 엄중한 코로나의 상황 속에서 우리를 건지시고 전 인류를 향한 치유와 회복도 하나님만이 하실 수 있습니다. 지금 시대에 일어나는 모든 사건에 대한 해결방법도 전적으로 하나님께 있습니다. 예레미야는 국가 멸망을 앞두고 감옥에 갇혀 있는 상황 속에서 하나님의 구원 약속을 듣습니다. 예레미야가 처한 상황은 최악이지만 하나님은 여전히 그에게 말씀하십니다. 그리고 현실과 너무 괴리가 있어서 믿기지 않는 그 말씀을 성취하십니다.

유다 백성들은 하나님을 섬기는 선민임에도 불구하고 하나님의 말씀에 불순종함으로 하나님과의 관계가 단절되었습니다. 예레미야는 하나님께로 돌아오지 않는 백성을 보면서 슬프고 아프다는 표현으로 심정을 토로합니다. 지금 엄중한 위기의 시대적 상황 속에서 많은 사람이 혼돈과 방황 속에서 갈피를 잡지 못하고 살아가고 있습니다. 하루하루 노심초사하며 살아가고 있는 것이 현실입니다. 정치적 불안, 경제적 고통, 사회적 혼돈과 방황 등 앞이 보이지 않는 것이 현실입니다. 그러나 우리는 하나님의 음성을 듣고 기도해야 합니다.

예레미야는 하나님의 사랑과 정의와 공의의 성품을 전하면서 유다 백성들의 죄악으로 인한 심판을 경고함과 동시에 하나님의 언약을 상기시킵니다. 그리고 힘들고 어려운 상황이 탄식하게 만들었지만, 그에게 기쁨을 주는 유일한 것은 '하나님의 말씀'임을 고백하면서 말씀을 선포합니다. 일을 성취하시는 여호와께 부르짖으라고 외칩니다.

본문 2절에 "그것을 만들며 성취하시는 여호와"라고 말씀하고 있습니다. 본문에서 '그것'은 바로 '예루살렘'을 가리키는 것입니다. 그리고 '성취하시는'에 해당하는 말씀은 '세우다, 확립하다, 굳게 하다'라는 뜻입니다. 즉 예루살렘의 무너진 성을 다시 세우고 돌보는 모든 행위를 가리키는 것입니다. 그러므로 창조주 하나님은 불가능해 보였던 일, 즉 폐허가 된 예루살렘을 다시 세우시고 모든 것을 회복시키시는 분이십니다. 하나님은 크시고 능력이 있으셔서 못하실 일이 없는 분입니다. 하나님은 우리의 기도와 간구를 통해 하나님께서 원하시는 특별한 일을 이 땅 가운데 행하십니다.

하나님은 이스라엘이 부르짖고 통회할 때 그들을 구원하셨습니다. 하나님은 지금 우리의 간구를 기다리십니다. 우리는 어떠한 상황 속에서도 절망하지 말고 하나님을 신뢰하며 그 앞에 나아가 기도해야 합니다. "나는 너희를 치료하는 여호와임이라"(출 15:26). 폐허가 된 예루살렘을 다시 일으켜 세워주시고 회복시키신 하나님께서 코로나로 인하여 지쳐있는 성도들의 기도와 간구를 들으시고, 평강을 주시며, 사명을 감당할 수 있도록 성령의 능력으로 인도해 주시리라 믿습니다.

3. 응답의 확신을 갖고 여호와께 부르짖어야 합니다.

"너는 내게 부르짖으라 내가 네게 응답하겠고 네가 알지 못하는 크고 은밀한 일을 네게 보이리라"(렘 33:3). 부르짖는다는 것은 하나님을 믿고 신뢰하는 믿음의 행동입니다. 믿음의 행동을 보일 때 전능하신 하나님은 당신의 권세와 능력으로 응답하십니다. 우리가 지금까지 삶을 살아오면서 하나님 앞에 기도했을 때, 많은 응답을 받고 살아왔습니다. 기도하는 것은 우리의 신앙 태도이고, 응답은 하나님께서 주십니다. "너희는 마음에 근심하지 말라 하나님을 믿으니 또 나를 믿으라"(요 14:1).

우리가 인생을 살면서 만나는 영적인 문제, 육적인 문제, 가정과 교회의 문제, 나라와 민족에 관한 문제 등 헤아릴 수 없는 수많은 일로 인하여 근심하지 않을 수 없는 상황에 처할 때, 이런 상황 속에서 성경은 우리에게 부르짖어 기도할 것을 명령하고 있습니다. 근심하지 말고 창조주이신 하나님을 믿고, 믿음으로 부르짖으라는 것입니다. 그리하면 응답해 주시겠다고 약속하셨습니다.

하나님을 믿는 사람은 기도하는 사람입니다. 기도한다는 것은 자신을 의지하지 않고 하나님의 하나님 되심을 인정한다는 뜻입니다. "두려워하지 말라 내가 너와 함께 함이라 놀라지 말라 나는 네 하나님이 됨이라 내가 너를 굳세게 하리라 참으로 너를 도와주리라 참으로 나의 의로운 오른손으로 너를 붙들리라"(사 41:10). 하나님은 하나님을 신뢰하고 전적으로 의탁하는 성도에게 응답 주시며 도우시는 하나님, 인도하시는 하나님, 보호하시고 섭리하시는 하나님으로 확신시켜 주십니다. "너의 길을 여호와께 맡기라 저를 의지하면 저가 이루시고"(시 37:5). 성도들은 모든 상황 속에서 하나님을 의지하며 부르짖어야 합니다. 예레미야 선지자를 통하여 여호와 하나님은 사랑하는 백성들에게 부르짖어 기도할 때 응답을 주시겠다고 약속하셨습니다. 그리고 그 약속을 지키셨습니다.

하나님 앞에서 살아가는 그리스도인들은 하나님의 약속을 굳게 믿고 하나님과의 영적 관계를 소중히 여기며, 날마다 부르짖어 기도하는 삶을 살아야 합니다. 창조주이시며 모든 만물을 주관하시는 하나님은 하나님의 뜻대로 성취하시고 성도의 기도에 응답하시는 하나님이십니다. 하나님은 주의 백성들이 범한 죄로 인하여 고통스럽게 신음하고 있을 때, 하나님의 음성을 듣고 돌이켜 여호와께로 돌아와 통회 자복할 때, 그들의 죄를 사해주시고 무너진 삶의 터전을 다시 회복시켜주십니다.

코로나 시대를 맞이하여 성도들은 하나님을 가까이하는 신앙생활을 잊어서는 안 됩니다. 특히 기도의 자리, 말씀 묵상의 자리, 주님의 음성에 귀 기울이는 자리로 나아가야 합니다. 일을 행하시고 성취하시고 응답해 주시는 하나님께서 주님의 때에 반드시 우리를 회복시키실 것입니다. 치유하실 것입니다.

유다 백성들을 치유하시고 회복시키신 하나님께서 우리의 기도와 간구에 응답 주실 것을 믿으며 하나님을 찬양하며 영광을 주님께 올려드리는 감격의 삶을 살아가시는 성도들이 되시기를 예수님의 이름으로 축원합니다.

묵상을 위한 질문

❶ 하나님과의 영적 관계에 있어서 당신 자신의 현재 상태는 어떠합니까?

❷ 기도생활에 대한 당신의 구체적인 계획은 무엇입니까?

❸ 당신의 기도가 응답된다는 확신의 근거는 무엇입니까?

21
믿음의 기적을 이루자

(마가복음 5장 35-43절)

현재 전 세계는 코로나19로 인한 팬데믹으로 공포와 함께 불안한 상태에 빠져 있습니다. 또 우리나라도 매일 600명이 넘는 코로나19 환자가 발생되고 있습니다. 황을호는 「COVID-19 대유행병과 기독교」에서 코로나 바이러스 팬데믹의 심각성에 대해서 "과학 발전으로 팬데믹의 영향을 이해하고 어느 정도 제한하고 있지만, 아직도 그것을 완전히 통제할 방법은 찾지 못하고 있다."고 말했습니다. 이에 대체 방안으로 대한민국 정부는 2월 26일부터 아스트라제네카 백신 접종을 시작하였습니다. 그러나 몇 명의 사망자가 생겨 국민들은 불안해하고 있습니다.

코로나 팬데믹으로 인해 세계 경제뿐 아니라 대한민국도 큰 타격을 입었고, 한국교회도 큰 영향을 받았습니다. 이 해결 방안은 코로나 백신의 역할을 기대할 수도 있지만, 우리 성도들은 하나님 말씀 속에서 그 해답을 찾아야 합니다. 다시 말해 현재 우리는 코로나 팬데믹 때문에 어려움을 겪고 있지만 오늘 본문 말씀을 통해 절망 속에서 하나님의 능력과 기적을 믿는 여러분들이 되시기를 소망합니다.

오늘 본문 배경은 예수께서 A.D. 28년경 갈릴리 바다를 건너 가버나움으로 오셨을 때였습니다. 야이로라 하는 회당장이 찾아와서 예수님의 발아래 엎드려 자신의 어린 딸이 죽게 되었으니 고쳐달라고 간구합니다. 당시 회당장은 회당 일의 전반을 관리하는 회당의 총 책임자였습니다. 또 사회적 지위로는 대제사장 다음가는 순위이며, 덕망이 높고 탁월한 인물에게 주어지는 직책으로서 사람들의 존경을 받는 위치에 있었습니다. 그런 회당장이 자신의 사회적 지위와 체면을 버리고 겸손한 믿음을 가지고 예수님의 발 앞에 무릎을 꿇었습니다. 따라서 우리도 하나님 앞에 나와 믿음을 가지고 간절히 기도해야 합니다. 그러면 믿음의 기적이란 무엇일까요?

1. 절망 속에서도 희망을 품게 합니다.

"아직 말씀하실 때에 회당장의 집에서 사람들이 와서 가로되 당신의 딸이 죽었나이다 어찌하여 선생을 더 괴롭게 하나이까"(35). 회당장 야이로는 예수님께서 오셔서 병들어 죽게 된 딸에게 손을 얹어 주시기만 하면 완치될 것 같은 간절한 믿음이 있어서 주님께 간청하였습니다. 그러나 예수님께서 야이로의 집에 도착하시기도 전에 이미 그 딸이 죽었다는 소식을 듣게 됩니다. 사람들은 야이로에게 더 희망을 갖지 말고 포기하라고 했습니다. 이때 딸이 죽었다는 소식을 들은 야이로는 딸의 죽음을 생각하고 깊이 절망합니다. 이처럼 우리도 코로나 팬데믹이라는 절망적인 상황에 놓여 있습니다.

현재 전 세계가 야이로의 절망처럼 코로나 팬데믹 때문에 두려움과 절망 가운데 빠져 있습니다. 그 심각성에 대해 기독교 변증가 존 레녹스(John Lennox)는 「코로나바이러스 세상, 하나님은 어디에 계실까?」(Where is GOD in a Coronavirus World?)에서 "국가들과 국경이 폐쇄되어 각 나라가 여행이 금지되고, 필수적인 것을 제외하곤 통제하였고, 이 팬데믹의 확산 속도가 너무 빨라서 국가 보건 시스템이 엄청난 압력을 받고 있다. 뉴스를 통해, 텅 빈 거리, 슈퍼마켓의 텅 빈

진열대, 텅 빈 스포츠 경기장, 텅 빈 교회들을 보여 준다. 전 세계가 위기에 처해 있어, 두려움이 온 세상을 엄습했고, 많은 사람들이 두려움에 떨 수밖에 없었다."라고 하면서, "코로나는 인간의 취약성을 상기시켜준다. 코로나바이러스는 우리와 창조세계의 관계, 창조세계와 우리의 관계가 비틀어져 있음을 보여주는 증거이다. 그리고 이것은 우연한 일이 아니다. 인간의 죄로 인해 손상된 세계에서는 고통과 고난을 피할 수 없다."라고 말했습니다. 이처럼 현재 우리들의 현실은 두려움과 절망입니다. 그러나 야이로가 딸이 죽음 앞에 있는 가장 절망적인 순간에 예수님께서 살려주신다는 희망을 갖고 찾아가 간절한 마음으로 간청하였듯이, 우리도 절망 가운데서 예수님께서 해결해주신다는 믿음의 희망을 품어야 합니다.

열왕기상 19장을 보면, 갈멜산에서 엘리야는 이세벨이 자신을 죽이려고 그의 목숨을 찾고 있다는 말을 듣습니다. 엘리야는 도망하여 브엘세바의 광야에 이르렀고, 그곳에서 절망하고 낙심하여 하나님께 "차라리 내 생명을 취하소서"라고 탄식합니다(왕상 19:4). 하나님은 지쳐서 로뎀 나무 아래에서 자는 엘리야에게 천사를 보내시어 떡과 마실 물을 주셨습니다. 그 후에 다시 호렙산에서 세미한 음성으로 나타나신 하나님은 엘리야에게 "두려워하지 말라"고 말씀하셨습니다. 하나님은 절망과 고통 속에 있는 엘리야에게 떡과 물을 주셨고 두려워하지 말라고 하셨습니다.

우리도 코로나 팬데믹 때문에 절망하지 말고 두려워하지 말아야 합니다. 왜 두려워합니까? 왜 절망합니까? 그것은 믿음이 없기 때문입니다. 이 어려움 가운데서 절망하기보다는 살아계신 하나님께 나아와 믿음으로 간절히 기도해야 합니다. 그러면 하나님께서 반드시 절망 속에서 희망을 허락해주십니다. 그러므로 우리는 코로나 팬데믹 때문에 절망할 필요가 없습니다. 하나님께서 우리에게 원하시는 것은 믿음입니다. 믿음은 절망 속에서도 희망을 품게 해주기 때문입니다.

2. 두려움을 놀라움으로 바꾸어 줍니다.

"예수께서 그 하는 말을 곁에서 들으시고 회당장에게 이르시되 두려워 말고 믿기만 하라 하시고"(36). 야이로는 딸이 죽었다는 절망적인 소식을 듣고 두려움에 사로잡힙니다. 예수님은 그런 야이로를 위로하시며 "두려워 말고 믿기만 하라"고 말씀하십니다. 두려움은 믿음을 약화시킵니다. 그러나 믿음을 가진 자는 두려움과 고통 속에서도 하나님께 더욱더 간절히 기도합니다.

마가복음 9장을 보면, 예수님께서 베드로와 요한과 야고보를 따로 데리고 변화산에 가셨을 동안 변화산 아래 있던 제자들은 귀신들린 아이를 고치지 못해 서기관들과 입씨름을 하고 있었습니다. 제자들이 곤경에 빠져 있던 그때 예수님이 다가오셨습니다. 예수님이 다가오시자 귀신들린 아이의 아버지는 예수님께 나아와 이렇게 간청합니다. "무엇을 하실 수 있거든 우리를 불쌍히 여기사 도와주옵소서"(22)라고 말할 때 예수님은 "할 수 있거든이 무슨 말이냐 믿는 자에게는 능치 못할 일이 없느니라"(23)라고 하시며 아이 아버지를 책망하셨습니다. 그러자 아이 아버지는 주님께 자신의 믿음 없음을 도와 달라고 간청합니다.

예수님은 귀신을 꾸짖어 아이에게서 떠나게 하시고, 아이의 손을 잡아 일으켜 세우셨습니다. 예수님은 아이 아버지에게 믿는 자에게 능치 못할 일이 없다고 말씀하셨습니다. 그 순간 아이 아버지는 자신의 믿음 없는 것을 도와 달라고 간청합니다. 그때 예수님께서 아이를 괴롭히던 귀신을 쫓아 주셨습니다. 이 놀라운 광경은 두려움에 빠져 있던 아이 아버지가 예수님께서 고쳐주신다는 믿음으로 간청했기 때문에 일어난 기적입니다. 우리도 두려워하지 말고 믿음으로 기도하면 예수님께서 놀라운 기적을 베풀어 주십니다.

남 유다왕국의 19대 왕 히스기야는 후계자도 없는 상태에서 죽을병에 걸리고 말았습니다. "그 때에 히스기야가 병들어 죽게 되매 아모스의 아들 선지자 이사야가 그에게 나아와서 그에게 이르되 여호와의 말씀이 너는 집을 정리하라 네가 죽고 살지 못하리라 하셨나이다 히스기야가 낯을 벽으로 향하고 여호와께 기도하여 이르되 여호와여 구하오니 내가 진실과 전심으로 주 앞에 행하며 주께서 보시기에 선하게 행한 것을 기억하옵소서 하고 히스기야가 심히 통곡하더라"(왕하 20:1-3). 죽음을 선고받은 히스기야 왕은 얼굴을 벽에 대고 밤낮으로 통곡하며 부르짖어 간구하였습니다. 그는 죽음의 고통 속에서 눈이 상하도록 간구했습니다. 하나님께서는 히스기야 왕의 눈물을 보시고, 그의 병을 고치시고 생명을 15년이나 연장하셨습니다(왕하 20:6). 히스기야는 죽을병 가운데서 하나님께서 반드시 살려주신다는 믿음으로 간절히 부르짖은 결과 15년이라는 생명을 연장 받았습니다. 하나님께서는 히스기야의 믿음을 보시고 생명을 연장해주셨습니다.

오늘 본문 말씀을 보면 예수님께서 "두려워 말라"라고 말씀하셨습니다. 하나님께서는 믿음을 보시고 놀라운 기적을 보여주셨습니다. 마찬가지로 우리 성도들은 코로나 팬데믹 때문에 두려워하지 말고 하나님 앞에 나아가 믿음으로 기도해야 합니다. 그러면 놀라운 기적을 보게 될 것입니다.

3. 죽은 자에게 생명을 줍니다.

본문 37-40절을 보면 야이로의 집은 죽은 소녀의 장례준비로 애곡하며 요란하였습니다. 그런데 예수님은 이미 죽은 소녀를 향해서 "죽은 것이 아니라 잔다"라고 선포하셨습니다. 예수님은 죽은 자를 살리시는 권능을 가지고 계십니다(눅 7:11-17; 막 5:35-43; 요 11:43-44). 그러나 그곳에 있었던 사람들은 이 진리를 믿지 않고 주님을 비웃고 조롱했습니다. 예수님께서는 이런 사람들이 기적을 체험하는 자리에 함께 참여하지 못하게 하셨고, 모두 밖으로 내보내셨습니다. 오직 믿음을 가진 제자들만 데리고 들어가서 죽은 소녀를 다시 살려 주셨습니다. 우리는 어떤 믿음을 가져야 할까요? 하나님의 능력을 믿어야 합니다.

A.D. 53년 사도 바울이 제3차 전도 여행 중 마게도냐를 방문하여 드로아 지방에 머물 때였습니다. 떠나기 전날 밤, 사도 바울이 성도들에게 강론을 하던 중, 말씀이 좀 길어지자 졸고 있던 유두고라는 청년이

삼층 창문에서 떨어져 죽었습니다. 그때 당황해하는 사람들에게 바울은 "떠들지 말라 생명이 저에게 있다"(행 20:10)라고 말하고 하던 강론을 계속하였습니다. 사도 바울은 하나님의 권능으로 이 청년의 생명을 살릴 수 있었습니다(행 20:10-12). 예수님만 아니라 예수님의 제자들도 이렇게 하나님의 능력으로 생명을 살리는 기적을 행하였습니다. 그래서 하나님의 능력을 믿으면 죽은 자에게도 생명을 허락해주시고 기적을 베풀어주십니다.

오늘 본문 39절 말씀을 보면 예수님께서 죽은 소녀를 보고 "죽은 것이 아니라 잔다"라고 말씀하셨습니다. 이 말씀은 예수님께서 죽은 소녀를 다시 살려 주시겠다는 말씀입니다. 이 기적의 말씀을 통해 소녀의 아버지 야이로는 절망 속에서 다시 믿음을 갖게 됩니다. 이 믿음은 죽은 딸이 다시 살 수 있다는 확신입니다. 우리들도 이 믿음을 회복해야 합니다. 어떤 믿음입니까? 예수님께서 죽은 자도 살려 주신다는 믿음입니다. 따라서 죽은 자에게 생명을 주시는 예수님께 믿음으로 나아가기를 바랍니다.

4. 말씀대로 일어나 걷게 합니다.

본문 41절에 '달리다굼'은 히브리어로 '탈리타 쿰'이라는 말인데, '소녀야 일어나라'는 뜻입니다. 이 말은 흔히 아침에 어머니가 딸을 깨울 때 썼던 일상적인 말입니다. 예수님께서 "달리다굼"이라고 하시니 소녀가 곧 일어나서 걸었습니다. 이를 본 사람들은 말할 수 없는 충격을 받았고 놀랐습니다. 하나님의 역사는 사람들이 볼 때 놀랄 수밖에 없습니다. 인간의 눈으로 볼 때 도저히 불가능한 일이 일어나기 때문입니다. 우리 주님은 부정하다고 금지하는 시체에 손을 대고 만지셨습니다. 그리고 "소녀야 일어나라"고 말씀하셨을 때, 말씀의 능력이 나타나 죽었던 소녀는 즉시 일어나 걸었습니다. 예수님은 소녀에게 먹을 것을 주라고 말씀하셨는데, 이것은 소녀가 죽음에서 살아났을 뿐 아니라, 병에서도 깨끗이 고침을 받아 건강하게 되었다는 것을 말해줍니다. 그러므로 믿음은 말씀대로 일어나 걷게 하는 놀라운 능력입니다.

예수님께서는 베다니의 나사로가 병들어 죽게 되었다는 소식을 들으시고 나사로의 집으로 가는 도중 이미 나사로가 죽어 사흘이나 되어 시체에서 냄새가 난다고 하였을 때조차 "나는 부활이요 생명이니 나를 믿는 자는 죽어도 살겠고 무릇 살아서 나를 믿는 자는 영원히 죽지 아니하니 이것을 네가 믿느냐"라고 하셨습니다(요 11:25-26). 그리고 나사로의 무덤 앞에 서서 큰소리로, "나사로야 나오라"고 부르시니 죽은 나사로가 온몸에 베를 감은 채로 무덤에서 걸어 나오는 기적이 나타났습니다. 우리는 말씀의 능력을 믿어야 합니다. 하나님의 말씀은 우리에게 능력이 됩니다. 그 능력을 믿을 때 역사가 일어납니다.

현재 코로나 팬데믹으로 인해 전 세계뿐 아니라 대한민국과 한국교회도 어려움을 겪고 있습니다. 아무리 현대 의료기술이 발달되었다 하더라도 치료의 한계가 있을 수밖에 없습니다. 하지만 하나님의 능력은 한계가 없습니다. 오늘 본문 말씀에 나타나 있듯이 예수님은 죽은 소녀를 살려주셨습니다. 이 기적은 하나님의 능력입니다. 하나님의 능력은 믿는 자에게 영원히 역사하십니다. 하나님의 능력은 모든 질병을 치유해 주십니다. 그러므로 하나님의 능력을 믿으면 절망 속에서 희망을 품을 수 있으며, 두려움에서 놀라운 기적을 체험하게 됩니다. 우리 모두에게 이 믿음이 충만하기를 바랍니다.

묵상을 위한 질문

❶ 오늘 말씀을 통해 그리스도인들이 전 세계에 퍼져 있는 코로나 바이러스 팬데믹을 대처할 때 가장 필요한 것이 무엇이라 생각하십니까?

❷ 오늘 말씀을 통해 하나님 앞에 나아갈 때 가장 필요한 믿음이 무엇이라 생각하십니까?

❸ 코로나 상황에서 당신에게 "일으킴 받아야 할" 가장 시급한 것은 무엇입니까?

설교자 소개

‖ 고상환 목사 ‖

한국침례신학대학교 신학과와 미국 Golden Gate Baptist Theological Seminary(M.Div.)를 졸업한 후, Southwestern Baptist Theological Seminary에서 Pastoral Care 전공으로 목회학 박사학위(D.Min.)를 취득하였다. 워싱턴지구촌교회 부목사로 사역했고, 2009년부터 미국 북가주 실리콘밸리 세계선교침례교회 담임목사이며 Gateway Seminary와 Southwestern Baptist Theological Seminary에서 강의하고 있다. (revko@yahoo.com)

‖ 김계명 박사 ‖

한소망침례교회 사모이며, 한국침례신학대학교 신학대학원(M.Div.), 상담복지대학원(MACE), 일반대학원에서 목회상담전공 철학박사학위(Ph.D.)를 취득했다. 모교의 학생상담센터와 대전시 굿네이버스의 부모상담사, 대전 극동방송 청소년부모상담, 대전광역시 청소년상담복지센터 소장 등 다양한 상담현장 활동과, 대전대학교와 모교에서 겸임교수를 했다. 현재 육군종합행정학교에서 상담학을 교수하고 있다. 공역본으로 「진리, 하나님의 사랑」과 상담사례집 공저 「상한 감정 어떻게 도울까」가 있으며, "목회자 아내를 위한 글쓰기치료모델" 연구논문 등이 있다. (entore@naver.com)

‖ 김상백 목사 ‖

부산대학교 공과대학(재료공학)에서 공부하고, 한국
침례신학대학교에서 M.Div., Th.M., Ph.D.(실천신학
전공) 학위를 받았다. 대전순복음사랑의교회를 개척했
고, 강남금식기도원, 순복음삼성교회(담임), 지구촌순
복음교회, 순복음오순절교회(담임)에서 사역했으며, 한국실천신학회 회
장을 역임했다. 현재 수원좁은길교회 담임목사이며, 순복음대학원대
학교 실천신학교수, 한국실천신학회 상임이사로 활동하고 있다. 주요
저서와 역서로는 "도시사회에서의 영성개발을 위한 목회"(박사학위논문)
와 「도시를 깨우는 영성목회」(영성), 「성령과 함께 하는 목회상담」(영성),
「성령과 함께 하는 예배학」(순총학원), 「영성제자훈련」(순복음대학원대학교
출판부), 「영성과 신앙」(순복음대학원대학교출판부), 「하나님을 향한 영혼의
여정」(공저, 한국장로교출판사), 「일상에서 신학하기」(공역, 엘도론) 등과 다
수의 연구논문들이 있다. (sangshalom@hanmail.net)

‖ 김정호 목사 ‖

경북대학교 전자공학과를 졸업하고, 한국침례신
학대학교 신학대학원(M.Div.)과 일반대학원 석사학
위(Th.M.), "교회가족공동체에서 신앙적 부모와 자녀
관계를 통한 양육" 논문으로 한국침례신학대학교와
Southwestern Baptist Theological Seminary 공동 목회학박사 학
위(D.Min.)를 받았다. 현재 한밭대학교 교수 및 정보통신전문대학원장

이며, 2004년에 대전에서 개척한 새길교회 담임목사로 섬기고 있다. (kimbgod@naver.com)

‖ 김주원 목사 ‖

한국침례신학대학교 신학대학원(M.Div.)과 한남대학교 경영산업대학원(MBA)을 졸업한 후, Midwestern Baptist Theological Seminary에서 "이단 신천지 미혹에 대한 교회의 효과적인 대처법 연구"로 목회학박사 학위(D.Min.)를 받았다. 현재 이단대처사역에 깊은 관심을 갖고 있어 국내외 교회와 기관에서 이단 예방 특강 및 요한계시록 세미나와 방송, 저술활동을 하고 있다. 제자들선교회(D.F.C.) 캠퍼스 선교사, 성화그리스도의교회 전도사를 거쳐, 새빛침례교회에서 목사 안수를 받았다. 2014년 주원침례교회를 개척하여 담임목사로 사역하고 있다. 저서는 「이단 대처를 위한 진검승부」, 「이단 대처를 위한 바이블로 클리닉」, 「이단 대처를 위한 무한도전」(도서출판 대장간), 「이단 대처를 위한 요한계시록으로 정면돌파」(기독교포털뉴스)가 있다. (dog-sound71@hanmail.net)

‖ 박승배 목사 ‖

한국침례신학대학교 신학과(B.A.)와 신학대학원(M.Div.)을 졸업하고 동 대학원에서 실천신학 전공으로 석사학위(Th.M.)를 받은 후, 미국 Fuller

Theological Seminary에서 목회학박사 학위(D.Min.)를 받았다. 대전 소호교회 담임사역 후 광주에서 목산교회를 개척하였으며, 현재 빛고을교회 담임목사로 섬기고 있다. 교회 개척 초기부터 제자훈련과 평신도 사역의 목회관을 가지고 사역하고 있으며, 문화에 대한 성경적 해석과 목회 현장과의 접촉점을 찾아 사역에 적용하는 데 주된 신학적 관심을 가지고 있다. (sbpark811@hanmail.net)

‖ 소진석 목사 ‖

한국침례신학대학교 신학대학원(M.Div.)을 졸업했고, Midwestern Baptist Theological Seminary에서 교육목회학 박사학위(D.Ed.Min.)를 취득했다. 침례회해외선교회(KBFMB) 파송 선교사로서 남태평양 피지와 남미 브라질에서 사역을 했다. 지구촌교회(이동원 목사) 부목사(선교부, 교육부, 지구 등)와 기독실업인회(CBMC) 지도목사(성남지회)로 섬겼다. 현재 FEBC 극동방송(부산) 소망의 기도를 담당하고 있으며, 예일교회 담임목사로 섬기고 있다. (danielsoh7950@gmail.com)

‖ 송관섭 목사 ‖

뉴질랜드 오클랜드 대학(B.A.), 미국 South western Baptist theological seminary(M.Div.) 졸업 후 저먼타운 침례교회에서 담임목회를 한 후, 현재 미국 밀워키한인 침례교회 담임목사로 섬기고 있다. (sk9175@gmail.com)

‖ 신강식 목사 ‖

한국침례신학대학교 신학과와 신학대학원(M.Div.)
을 졸업한 후 동 대학원에서 실천신학 전공으로 석사
학위(Th.M.)를 취득하였다. 2010년에 포항 열방비전
교회를 개척하여 현재까지 담임목사로 섬기고 있다.
(dbc7772003@hanmail.net)

‖ 양권순 목사 ‖

한국침례신학대학교 신학과와 신학대학원(M.Div.)
을 졸업 후, 동 대학원에서 실천신학 전공으로 석
사학위(Th.M.)를 했고, 미국 Fuller Theological
Semonary에서 목회학 박사학위(D.Min.)를 취득하였
다. 한국침례신학대학교 신학부와 목회연구원에 출강하였으며, 여교
역자 신학원과 예수제자운동 제자훈련(KDTI)원에 출강하고 있다. 여의
도침례교회 교육목사와 로스앤젤레스(새누리) 한인침례교회 부목사를
거쳐, 필그림침례교회에서 담임목사로 사역하였고, 귀국 후 열린우리
교회 담임목사 사역 후, 현재 활주로교회를 개척하여 담임목사로 섬기
고 있다. (yangksoon@gmail.com)

‖ 윤양중 목사 ‖

한국 침례신학대학교와 신학대학원(M.Div.)을 졸
업한 후 미국 Midwestern Baptist Theological

Seminary에서 상담학석사(MACO)를 공부하고, 동 대학원에서 "회복의 길 12단계 훈련을 통한 하나님 형상 회복 연구"로 교육목회학 박사(D.Ed.Min.) 학위를 받았다. 현재는 회복사역에 관심을 가지고 안덕자 St. 회복상담원 강사과정 수료 후 회복 상담사와 회복 프로그램 전문강사로 활동하고 있으며, 1990년부터 현재까지 성산교회 담임목사로 사역하고 있다. (yyj3927@naver.com)

‖ 이경희 목사 ‖

중학교와 고등학교에서 교직 생활을 하던 중, 하나님의 부르심을 받고 한국침례신학대학교 신학대학원(M.Div.)과 M.A.를 수학하고 졸업했다. 미국 Missouri Baptist University에서 M.A. of A counseling Education을 취득했다. The Midwest Theological Seminary에서 목회학박사학위(D.Min.)를 취득했다. C.P.E(Clinical Pastoral Education in ACPE of USA) 레지던트 자격증을 취득했고 미국 병원(Alexian Brothers Hospital, Barnes Jewish Hospital in St. Louis, West - Chester Medical Center in New York)에서 훈련을 했다. 현재 고려대학교 안암병원 원목실 원목실장이며 서울 경기 강원지구 원목협회 회장을 역임했다. 한국 임상목회교육협회(KCPE) 수퍼바이저이며 장신대 신대원생 글로컬 현장학습 지도 감독으로 섬기고 있다. (redcolor2020@naver.com)

‖ 이노경 목사 ‖

한국침례신학대학교 신학과와 신학대학원(M.Div.)을 졸업 후, Southwestern Baptist Theological Seminary에서 목회학 박사학위(D.Min.)를 취득하였다. 다음 세대를 살리기 위해서 관심을 가지고 노력하고 있다. 지금은 전주반석침례교회에서 공동 담임목사로 섬기고 있다. (lnk0130@hanmail.net)

‖ 이명희 목사 ‖

서울대학교(B.S.)와 한국침례신학대학원(M.Div.)을 졸업 후 ABGTS에서 공부하고(Th.M.과정) 미국 Mid-America Seminary에서 박사학위(Ph.D.)를 받았다. 여의도침례교회에서 목사안수를 받고, 저먼타운한인침례교회를 개척 목회했으며, 한국복음주의실천신학회 회장을 역임했고, 대전대흥침례교회 협동목사이며, 한국침례신학대학교 실천신학 교수로 정년은퇴한 후, 현재 생명빛침례교회에서 담임목사로 섬기고 있다. (drmhlee1226@gmail.com)

‖ 이승학 목사 ‖

세명대학교 영어영문학과를 졸업(B.A)했고, 서울페트라원어성경연구원 기획실장을 역임했다. 한국침례신학대학원 신학대학원을 졸업(M.Div.)했고, 미국

Midwestern Baptist Theology Seminary에서 Th.M.과 교육목회학 박사학위(D.Ed.Min)를 취득했다. 미국 Midwestern Baptist Theology Seminary 교육학 박사과정(Ed.D.) 졸업예정이다. 2002년에 기독교 한국침례회 제천 행복한교회를 개척해서 담임목사로 섬기고 있다. (seunghak1919@hanmail.net)

‖ 이영찬 목사 ‖

경성대학교 신학과(B.A.)를 졸업하고, 한국침례신학 대학교 신학대학원(M.Div.)을 졸업한 후 일반대학원에 서 실천신학 전공으로 석사학위(Th.M.)를 받았고, 동 한국침례신학대학교 일반대학원에서 "베드로와 바울 의 설교에 나타난 케리그마(κήρυγμα)특성과 현대설교의 적용: 사도행전 2장과 13장 중심으로"라는 논문으로 박사학위(Ph.D.)를 받았다. 현재 한국침례신학대학교 설교학 겸임교수이다. (yes-jong@hanmail.net)

‖ 정춘오 목사 ‖

한국침례신학대학교와 한국침례신학대학원(M.Div.) 을 졸업한 후, 대학원에서 실천신학 전공으로 석사학 위(Th.M.)를 취득하였다. 한국침례신학대학교 일반대 학원에서 실천신학을 전공하여 철학박사(Ph.D.)를 취 득하였다. 전인 치유에 깊은 관심을 가져 음악치료, 웃음치료, 원예치 료를 접목하여 활동하고 있다. 한국침례신학대학교에서 초빙교수와 겸임교수를 역임하였다. 광주 극동방송, 광주 CBS 방송국에서 찬양 사역자로, 말씀 사역자로 활동하고 있다. 1994년에 개척한 목원침례교회 담임목사로 사역하고 있다. (jchuno@hanmail.net)

‖ 주재경 목사 ‖

충남대학교 법학과와 한국침례신학대학원(M.Div.)을 졸업한 후 건국대학교 대학원에서 사회복지학 석사학위를 취득하였으며, 목회신학대학원과 미국 Southwestern Baptist Theological Seminary에서 "설교사역 증진을 위한 교회력과 성서일과활용"으로 박사학위(D.Min.)를 취득하였고, 1992년에 개척한 충주성산교회 담임목사로 사역하고 있다. (jjk0691@hanmail.net)

‖ 진유식 목사 ‖

순복음 Chile 한인교회 개척, 남미 Chile Centro Estudio Teologia 신학교를 졸업했다. 귀국 후 대한신학 편입, 졸업 후 인천 시온육아원 원목으로 십여 년간 사역하였고 보육원 졸업생들과 교회를 개척하였다. 한국침례신학대학교 대학원 실천신학전공(M.A.)을 졸업하고 동 대학원(M.Div.)을 졸업하였다. 일반대학원 실천신학전공 논문 "광의적 의미에서의 영적 전쟁 이해와 영적 전쟁을 통한 치유사역"을 통해 박사학위(Ph.D.)를 취득하였다. 현재 송도 함께하는침례교회 담임목사로 사

역하고 있다. (jesuchin@hanmail.net)

‖ 최호준 목사 ‖

한국침례신학대학교 기독교교육과(B.A.)를 졸업하고, 한국침례신학대학교 목회신학대학원(M.Div.)을 졸업한 후 목회신학대학원에서 "목회자를 위한 효과적인 독서전략"으로 신학박사(Th.D. in Min.) 학위를 받았다. 저서에는 「책 읽는 목사의 독서행전」(요단), 「성숙을 위한 책 읽기 특강」(요단), 「책이라 독서라 말하리」(요단)가 있다. 현재 동해 삼흥침례교회에서 담임목사로 사역하고 있다. (chojun0425@hanmail.net)

‖ 한덕진 목사 ‖

한국침례신학대학교(B.A.)와 신학대학원(M.Div.)을 졸업한 후 미국 Midwestern Baptist Theological Seminary에서 교육목회학 박사(D.Ed.Min.)과정을 수료하였다. 신학교를 졸업한 후 1996년부터 장애인선교에 헌신하여 장애인 복지사역을 통하여 장애인들을 섬기면서 복음사역을 펼치고 있다. 현재 장애인들과 함께 시작한 평택 사랑하는교회 담임목사와 장애인 전문선교단체인 평안밀알선교단 단장, 사회복지법인 평안밀알복지재단의 이사장으로 섬기고 있다. (faithelp@hanmail.net)

편집후기 I

목회자는 숨 쉬듯 기도하고, 밥 먹듯 읽으며, 신앙적인 삶을 인도하는 영적 지도자입니다. 말이 쉽지 숨 쉬듯 기도하고, 밥 먹듯 읽으며, 신앙적인 삶을 인도하기란 여간 어려운 일이 아닙니다. 하지만 이 일들을 위해 부름받았고, 지금까지 이 귀한 목회자의 길을 감당하고 있으니 너무나 감사한 일입니다.

이러한 목회자들이 모여 한 권의 설교집을 세상에 내놓게 되었습니다. 특색 있는 목회자들의 설교를 모으고 하나의 작품을 만들다 보니 우여곡절도 많았고 힘겨웠습니다. 그래도 하나의 귀한 흔적을 만든다는 것은 여간 보람 있는 일이 아닐 수 없었습니다.

이 설교집은 코로나19로 어려운 지금의 시대에 들어야 할 하나님의 말씀이 무엇인지 심혈을 기울여 선포한 말씀들입니다. 목사님들의 개성 있는 말씀 선포가 말씀을 읽고, 듣는 모든 분께 도움이 되었으면 합니다. 팬데믹 시대에 들어야 할 하나님의 말씀으로 힘이 되고, 격려가 되고, 희망이 되었으면 하는 마음 간절합니다.

함께, 서로, 같이 해야 할 이 시대에 현대목회실천신학회 모임을 통해 목사님들과 의기투합하여 결실을 맺으니 기쁘기가 한이 없습니다. 마음을 모아 한 권의 설교집을 편집하고 보니 서로가 서로에게 필요한 존재이자 함께, 서로, 같이 동행해야 할 하나님의 선한 일꾼들임을 알 수 있었습니다. 편집하면서 미리 설교집을 읽는 은혜를 맛보았고, 여러 방면에서 다양한 말씀의 은혜를 만끽할 수 있는 특권을 누리기도

했습니다. 함께 힘을 모아 준 모든 목사님께 감사드리며 여기까지 인도하신 하나님께 모든 영광을 돌립니다. 또한 목사님들의 치열한 현장 목회를 떠올리며 함께 동역자 되었음을 하나님 앞에 감사드립니다. 모쪼록 이 설교집이 마음을 다해 입으로, 눈으로, 손으로 읽는 도구로 쓰임 받기를 기대합니다.

2021년 8월 15일
편집위원
최호준 목사

편집후기 II

코로나19가 시작되면서 일상생활이 달라졌습니다. 교회 건물 보수 작업이 어느 정도 끝날 무렵에 「팬데믹 상황에서 들어야 할 말씀」 설교집 편집위원으로 선정되었습니다. 시간도 있고 여유도 있으니 부담 갖지 말고 해 보겠다 생각했습니다. 너무 가볍게 생각해서 그랬을까요. 막상 원고를 받고 그 원고들을 양식에 맞추어 정렬을 시켰습니다. 그리고 점 하나까지 제대로 되었는지 검토를 했습니다. 그렇게 검토하기를 수십 번을 반복했습니다만 볼 때마다 교정할 것이 발견되었습니다.

다수의 설교자들이 참여했기 때문에 자료수집에 속도가 나지 않을 때도 있었습니다. 그때마다 "혼자 가면 빨리 가지만, 함께 가면 멀리

간다"라는 말을 머리에 떠올렸습니다. 국내외 다양한 환경에서 사역하는 현대목회실천신학회 회원들이 뜻을 모아 출간하게 된 이번 설교집은 천천히 그러나 꾸준하게 다듬어져서 비로소 세상에 나오게 되었습니다. 모든 영광을 하나님께 올려드리고, 함께 한 모든 동역자들에게 깊은 감사를 드립니다.

코로나19는 그리스도인들에게 많은 질문을 하게 했습니다. 그래서 성경을 근거로 그 해답을 찾으려는 현대목회실천신학회 회원들의 강한 열망이 이번 「팬데믹 상황에서 들어야 할 말씀」이라는 설교집을 만들게 했습니다. 분명 현 상황에 대한 최고의 답은 아닐지라도 최선의 접근을 위해 깊은 고민과 사색 그리고 성경 연구를 하면서 몸부림친 것을 독자들은 각 설교자의 글에서 엿볼 수 있으리라 생각합니다. 바쁜 목회 사역 중에도 좋은 책을 만들기 위해 최선을 다한 회원들의 수고에 감사하며, 본 설교집을 통해 국내외 교회 성도들의 마음속에 말씀이 주는 힘과 위로가 가득하길 소망합니다.

2021년 8월 15일
편집위원
김주원 목사